Thomas Gräfe

**Antisemitismus in Gesellschaft und
Karikatur des Kaiserreichs**

Glöß' Politische Bilderbogen 1892- 1901

Die Deutsche Bibliothek – CIP- Einheitsaufnahme

Gräfe, Thomas
Antisemitismus in Gesellschaft und Karikatur des
Kaiserreichs : Glöß' Politische Bilderbogen 1892- 1901 /
Thomas Gräfe. – Norderstedt : BoD GmbH, 2005
ISBN 3-8334-3529-1

http://www.nrg.to/antisemitismus
Herstellung und Verlag: Books on Demand GmbH,
Norderstedt.
Cover: Politischer Bilderbogen Nr.14, Dresden 1894.
Staatsbibliothek Preußischer Kulturbesitz, Berlin.
ISBN 3-8334-3529-1

Inhaltsverzeichnis

Abkürzungen

AV	Alldeutscher Verband
BdL	Bund der Landwirte
CV	Centralverein deutscher Staatsbürger jüdischen Glaubens
DHV	Deutschnationaler Handlungsgehilfenverband
DkP	Deutschkonservative Partei
DSP	Deutschsoziale Partei
GW	Otto von Bismarck, Gesammelte Werke
KVdSt	Kyffhäuserverband der VdSt
LBIYB	Leo Baeck Institute Year Book
Mitteilungen	Mitteilungen aus dem Verein zur Abwehr des Antisemitismus
VdSt	Vereine deutscher Studenten
VfZ	Vierteljahrshefte für Zeitgeschichte

Vorwort

Das deutsche Kaiserreich wird häufig als eine Epoche widersprüchlicher Entwicklungen charakterisiert. Das trifft ganz besonders für das Schicksal der jüdischen Minderheit (1900: ca. 600.000 Personen, 1% der Gesamtbevölkerung) zu. Sie erlangte ihre rechtliche Gleichstellung, assimilierte sich zunehmend an die Mehrheitsgesellschaft und erlebte eine Blütezeit in Wirtschaft, Wissenschaft und Kultur. Gleichzeitig war das Kaiserreich aber auch der Geburtsort des modernen Antisemitismus, der als autonome politische Bewegung weitgehend versagte, seine Stereotype und Feindbilder aber im Bewusstsein breiter Bevölkerungsschichten verankern konnte.

Zwischen 1892 und 1901 entstand im Dresdner Verlag Glöß eine Bilderbogenserie, deren Schöpfer der völkische Schriftsteller Max Bewer war. Ihre 33 Nummern gestatten tiefe Einblicke in die zeichnerische und sprachliche Konstruktion von antisemitischen Stereotypen und Feindbildern in einem populären Medium, das Teil einer boomenden antisemitischen "Bekenntnisindustrie" war. Als Ausgangspunkt für die Beschäftigung mit den Bilderbogen dient ein Überblick über Formen, Inhalte, Anhänger und Verbreitungswege des Antisemitismus im Kaiserreich. Zum einen soll auch dem interessierten Laien ein schneller Zugang zum Forschungsstand ermöglicht werden. Zum anderen ist die Kenntnis der Geschichte der antisemitischen Szene und ihres Diskurses in den 1890er Jahren eine notwendige Voraussetzung, um die zahlreichen Bezüge, Anspielungen und Symbole in den Bilderbogen entschlüsseln zu können. Da die Antisemiten kein Milieu im soziologischen Sinne formierten und ihre Gruppierung nach Parteien wenig Sinn macht, wird hier auf den

Begriff "Szene" zurückgegriffen. Gemeint ist damit die Herausbildung einer lockeren Diskursgemeinschaft, die sich aus demselben Pool von Vorurteilen, Feindbildern, Mythen und Lügen bediente, ohne dabei in jedem Fall Anhänger einer konsistenten Ideologie oder einer politischen Partei zu sein.

Ohne Zweifel sind die Politischen Bilderbogen nicht repräsentativ für *den* Antisemitismus im Kaiserreich, dennoch bietet ihre vollständige Auswertung Anlass, über einige Themen und Thesen der Forschung neu nachzudenken. (siehe IV.)

Georg Brenner, Manuela Schmidt, Michael Deutschmann und weiteren Kollegen habe ich für ihr Interesse an meiner Arbeit und viele Anregungen zu danken. Besonderer Dank geht an Gerd Hoffmann, der dieser Arbeit eine Internet- Plattform zur Verfügung gestellt hat. Bei der Recherche halfen Frau Bienert (Berlin), Frau Teichmann, Frau Hoppe, Herr Loesch (alle Dresden).

Dank auch an Staats- und Universitätsbibliothek Hamburg, Sächsische Landesbibliothek Dresden, Stadtarchiv Dresden, Bayerische Staatsbibliothek München, Staatsbibliothek Preußischer Kulturbesitz Berlin, Zentrum für Antisemitismusforschung an der TU Berlin.

Bad Salzuflen, Juli 2005.

Einleitung

Die Geschichtswissenschaft tut sich mit der Einschätzung des Antisemitismus im deutschen Kaiserreich schwer. Im Bewusstsein der Zeitgenossen war er nur ein "Nebenkriegsschauplatz", der in anderen europäischen Ländern wie Frankreich, Österreich- Ungarn und Russland wesentlich umkämpfter war. Und doch legte die Entstehung und Ausbreitung des modernen Antisemitismus im Kaiserreich ein Fundament des Hasses, auf das der "eliminatorische Antisemitismus" der Nationalsozialisten aufbauen konnte.[1]

Auf der einen Seite waren die Antisemiten im Kaiserreich politisch erfolglos, da sie die rechtliche Gleichstellung der Juden nicht rückgängig machen und ihr gesellschaftliches Fortkommen nur in wenigen Teilbereichen behindern konnten. Auf der anderen Seite hatte sich Judenfeindlichkeit über Parteien, Vereine, Verbände und die Medien tief in der Mentalität breiter gesellschaftlicher Schichten verwurzeln können.

Symptomatisch für die Gleichzeitigkeit von Abflauen und Internalisierung von Judenhass ist seine Neueinschätzung durch den Kyffhäuserverband der Vereine deutscher Studenten, eine Kaderschmiede radikalnationalistischer Ideologie im Kaiserreich. Im Gegensatz zur Zeit der Vereinsgründung Anfang der 1880er Jahre sei der Antisemitismus "heute (d.h. nach der

---

[1] Vgl. Massimo F. Zumbini, Die Wurzeln des Bösen. Gründerjahre des Antisemitismus von der Bismarck- Zeit zu Hitler, Frankfurt a.M. 2003.

Jahrhundertwende T.G.) weniger Programmpunkt als geistige Atmosphäre".[2]

Judenfeindschaft trat immer häufiger nicht mehr als konsistente Ideologie auf, sondern als Bestandteil einer umfassenderen nationalistischen und antimodernen Weltanschauung. Damit ist ein zentrales Problem der ideengeschichtlichen Antisemitismusforschung angesprochen. Wenn man die Verbreitung von Judenhass als eine Diffusion antisemitischer Ideologien in die Gesellschaft begreift, ist die Untersuchung von Inhalt und Rezeption der Werke antisemitischer Vordenker wie Wilhelm Marr, Eugen Dühring, Paul de Lagarde, Houston Stewart Chamberlain u.a. der Schlüssel zum Verständnis des Antisemitismus. Seine tatsächliche Breitenwirkung und seine Existenz in der populären Alltagskultur der Menschen werden mit diesem Ansatz allerdings nicht zufriedenstellend erfasst.[3]

Sozialgeschichtliche und sozialpsychologische Ansätze gehen hingegen davon aus, dass sozioökonomische Krisen die Akzeptanz von Vorurteilen steigern und die Toleranz gegenüber Minderheiten schwinden lassen. Statusunsicherheit mittelständischer Bevölkerungsgruppen in Zeiten bedrohlicher Entwicklungen der modernen Industriegesellschaft intensivierte teils real existierende, teils ideologisch konstruierte soziale und wirtschaftliche Spannungen zwischen Juden und Nichtjuden. In Anlehnung an Hans Rosenberg gehen

---

[2] Akademische Blätter 25 (1910/11), S. 226.

[3] Das gilt leider auch für brillante ideengeschichtliche Arbeiten wie Fritz Stern, The Politics of Cultural Despair. A Study in the Rise of Germanic Ideology, Berkeley u.a. 1963.

manche Ansätze so weit, den Verlauf "antisemitischer Konjunkturen" als umgekehrt proportional zur wirtschaftlichen Konjunkturentwicklung anzunehmen.[4] Während der grundsätzliche Zusammenhang zwischen Krisenwahrnehmung und Aufblühen des Antisemitismus nicht von der Hand zu weisen ist, fällt es Krisentheorien schwer, Erklärungen für alte religiöse und neue rassistische Inhalte des Antisemitismus zu liefern. Im Mittelpunkt der sozialgeschichtlichen Forschungstradition stehen (berechtigterweise) eher Rahmenbedingungen des Antisemitismus als die Analyse judenfeindlicher Agitation selbst.

Nach der Dominanz politik- und ideengeschichtlicher Ansätze bis in die 1960er Jahre und sozialhistorischer Krisentheorien bis in die 1980/90er Jahre, hat sich inzwischen die historische Antisemitismusforschung stark pluralisiert. Neuere Studien haben die Faktoren Konfession und Mentalität stärker berücksichtigt und damit wichtige Ergänzungen zu den konventionellen Deutungsschemata geliefert.[5] Andere Historiker sind vor dem

---

[4] Vgl. Hans Rosenberg, Große Depression und Bismarckzeit. Wirtschaftsablauf, Gesellschaft und Politik in Mitteleuropa (Veröffentlichungen der Historischen Kommission zu Berlin Bd.24), Berlin 1967; Dirk Blasius, "Judenfrage" und Gesellschaftsgeschichte, in: NPL 23 (1978), S. 17- 33; Hans- Joachim Bieber, Antisemitism as a Reflection of Social, Economic and Political Tension in Germany 1880- 1933, in: David Bronson (Hg.), Jews and Germans 1860- 1933. The Problematic Symbiosis, Heidelberg 1979, S. 33- 77.

[5] Vgl. Olaf Blaschke, Katholizismus und Antisemitismus im deutschen Kaiserreich (Kritische Studien zur

Hintergrund des Aufblühens der "neuen Kulturgeschichte" dazu übergegangen, sich mit der antisemitischen Symbolsprache intensiver zu befassen und haben nach einer Eigenlogik der Judenfeindschaft jenseits ihrer politischen, sozialen, ökonomischen oder konfessionellen Funktionen gesucht. Über Erfolg und Breitenwirkung politischer Ideologien, so die Annahme, entschied nicht nur ihr Appell an objektive Interessenlagen, sondern auch ihre Fähigkeit, emotionale Bindungen zu erzeugen und aufrechtzuerhalten. Hass, Neid, Minderwertigkeitsgefühle und tief sitzende Vorurteile wurden im modernen Antisemitismus ideologisch gebündelt und auf dem "politischen Massenmarkt" angeboten. Statt von theoretisch- wissenschaftlicher Überzeugungskraft lebte der Antisemitismus vorrangig von Mythenbildung und Verschwörungstheorien. In noch stärkerem Maße als andere moderne Ideologien bildete er eine säkulare Heilslehre, in der die "Glaubenswahrheit" nur stets auf der Seite der "Eingeweihten" liegen konnte. Daher war und ist dem Antisemitismus mit Aufklärung und Rationalität kaum beizukommen. Dies hatte der gegen den Antisemitismus engagierte Historiker Theodor Mommsen 1894 in einem Interview resignierend festgestellt:

Geschichtswissenschaft Bd.122), Göttingen 1997; Till van Rahden, Juden und andere Breslauer. Die Beziehungen zwischen Juden, Protestanten und Katholiken in einer deutschen Großstadt 1860- 1925 (Kritische Studien zur Geschichtswissenschaft Bd.139), Göttingen 2000; Ders., Words and Actions. Rethinking the social history of German Antisemitism, Breslau 1870- 1914, in: German History 18 (2000), S. 413- 438.

Einleitung

"Sie täuschen sich, wenn Sie glauben, dass man da überhaupt mit Vernunft etwas machen kann. Ich habe das früher auch gemeint und immer und immer wieder gegen die ungeheure Schmach protestiert, welche Antisemitismus heißt. Aber es nützt nichts (...) Was ich Ihnen sagen könnte (...) das sind doch immer nur Gründe, logische und sittliche Argumente. Darauf hört doch kein Antisemit. Die hören nur auf den eigenen Hass und den eigenen Neid, auf die schändlichen Instinkte. Gegen Vernunft, Recht und Sitte sind sie taub."[6]

Die große Bedeutung des Schürens von Emotionen für die Entstehung von Antisemitismus belegen neuere mikrohistorische Studien. Ihnen ist es gelungen, an konkreten Fällen detailliert nachzuvollziehen, wie Feindbilder in einem Klima von Misstrauen, Verdächtigung und Intoleranz gedeihen.[7]

Die Ansätze von Sozialgeschichte, Kulturgeschichte und Mikrogeschichte haben gemeinsam, sich nicht damit zufrieden zu geben, die Verbreitung des Antisemitismus an der Rezeption der theoretischen Schriften der Antisemiten zu messen. Ein Gesellschaftsabend im antisemitischen Verein, die gemütliche Stammtischrunde im "judenfreien" Lokal, die öffentliche Rede eines Agitators wie Otto Böckel oder Hermann Ahlwardt, die Hass- und Vorurteilssammlung in Theodor Fritschs

---

[6] Hermann Bahr, Antisemitismus. Ein internationales Interview, Berlin 1894, S. 27.
[7] Vgl. Ulrich Sieg, Auf dem Weg zur "dichten Beschreibung". Neuere Literatur zur Geschichte des Antisemitismus im Kaiserreich, in: Jahrbuch für Antisemitismusforschung 12 (2003), S. 329- 342.

"Antisemiten- Katechismus", eine judenfeindliche Karikatur etc., all diese Aktivitäten und Gegenstände dürften für die Breitenwirkung des Antisemitismus mindestens ebenso bedeutsam gewesen sein. Für eine sozial-, kultur- und mikrogeschichtlich ausgerichtete Antisemitismusforschung haben sie als Quellen Priorität gegenüber den "Theoretikern" der "Judenfrage", weil sie einen Einblick in die Präsenz und Wirksamkeit von Judenfeindlichkeit in der Alltagskultur einer Gesellschaft erlauben.

Diese Arbeit fragt zunächst nach Formen, Inhalten und Verbreitungswegen antisemitischen Denkens zwischen Reichsgründung und Erstem Weltkrieg. Darauf aufbauend widmet sie sich dem Medium Karikatur als Träger antisemitischer Feindbilder, genauer gesagt Glöß' "Politischen Bilderbogen", die, auf der zweiten Antisemitismuswelle des Kaiserreichs mitschwimmend, in den 1890er Jahren Verbreitung fanden. Karikaturen als Medium, das Unterhaltung und politische Beeinflussung zusammenführte, gab es in Ansätzen bereits in Antike und Mittelalter. Ermöglicht durch Fortschritte in der Druckkunst wurden erstmals in der Reformationszeit Druckgraphiken zur politisch-religiösen Massenpropaganda eingesetzt. Mit den wöchentlich in hoher Auflage erscheinenden politischen Satiremagazinen, zuerst in Frankreich ("La Caricature" 1830ff.) und England ("Punch" 1841ff.), seit der Märzrevolution 1848 auch in Deutschland, wurde die politische Satire in Kombination von Text und Zeichnung zum ständigen Begleiter der Tagespolitik. Die Liberalisierung und Vereinheitlichung des Presserechts durch das Reichspressegesetz von 1874 erhöhte die Schlagkraft der Karikatur als politische Waffe zusätzlich. Kaum eine Partei oder politische Richtung glaubte mehr, auf sie verzichten zu können.[8]

Die Antisemitismusforschung hat bislang vor allem vereinzelte judenfeindliche Karikaturen aus großen deutschen Satiremagazinen wie Kladderadatsch (1848ff.), Fliegende Blätter (1845ff.) und Simplizissimus (1896ff.), sowie aus Familien-zeitschriften wie der "Gartenlaube" (1853ff.) herangezogen.[9] Publikationen, die sich wie die "Politischen Bilderbogen" explizit als Teil der antisemitischen Bewegung auffassten, sind dagegen kaum ins Blickfeld geraten.

---

[8] Vgl. Georg Piltz, Geschichte der europäischen Karikatur, Berlin (Ost) 1976; Gerhard Langemeyer u.a. (Hg.), Bild als Waffe. Mittel und Motive der Karikatur in fünf Jahrhunderten, München 1984; Gisold Lamel, Deutsche Karikaturen. Vom Mittelalter bis heute, Stuttgart 1995.

[9] Vgl. die Arbeiten von Henry Wassermann zum Judenbild in den genannten Zeitschriften: LIBYB 23 (1978), S. 47-60; LBIYB 28 (1983), S. 93- 138; LBIYB 31 (1986), S. 71- 104. Eine breitere Quellenbasis nutzt: Michaela Haibl, Zerrbild als Stereotyp. Visuelle Darstellungen von Juden zwischen 1850 und 1900, Berlin 2000, insb. S. 133- 236 zum Medium des (antisemitischen) Bilderbogens.

I.

Warum wird die Entstehung des modernen Antisemitismus von der Geschichtswissenschaft in der Regel in die Zeit des Kaiserreichs von 1870/71 datiert, wenn größere judenfeindliche Ausschreitungen in Deutschland, wie die "Hep- Hep-Krawalle" von 1819, in der ersten Jahrhunderthälfte wesentlich häufiger vorkamen als in der zweiten? Der "Frühantisemitismus" vor der Reichsgründung äußerte sich eher in Formen des gewalttätigen Protests von Mittel- und Unterschichten. Er war im Gegensatz zum modernen Antisemitismus wenig ideologisch fundiert und kaum politisch organisiert. Antijüdische Gewalt war zum einen religiös motiviert. Vor allem in katholischen Regionen waren Ritualmordgerüchte, sowie judenfeindliche Predigten und Passionsspiele zu Ostern oft der Auslöser. Zum anderen folgten judenfeindliche Ausschreitungen der Logik frühneuzeitlichen Sozialprotests, der auf die Wiederherstellung einer "gerechten Ordnung" zielte. So wurden jüdische Gläubiger in der Revolution von 1848/49 als Teil der die "moralische Ökonomie" störenden "Geldmacht" bekämpft, und Pläne zur Judenemanzipation wurden als illegitimer Eingriff der Obrigkeit in kommunale Angelegenheiten zurückgewiesen.[10]

---

[10] Zum Frühantisemitismus: Eleonore Sterling, Judenhass. Die Anfänge des politischen Antisemitismus in Deutschland (1815- 1850), Frankfurt a.M. 1969; Helmut Berding, Moderner Antisemitismus in Deutschland, Frankfurt a.M. 1988, S. 42- 84; Nicoline Hortzitz, Früh-Antisemitismus in Deutschland 1789- 1871. Strukturelle Untersuchungen zu Wortschatz, Text, Argumentation, Tübingen 1988; James F. Harris, The People Speak! Anti-

Der moderne Antisemitismus war ein "postemanzipatorisches Phänomen" (Reinhard Rürup). Ihm ging es unter dem Stichwort "Lösung der Judenfrage" um die Rücknahme oder zumindest die Einschränkung der 1869 im Norddeutschen Bund und 1871 im Deutschen Reich gesetzlich festgeschriebenen Judenemanzipation. Die Juden waren nicht mehr wie im Mittelalter und in der Frühen Neuzeit eine aus der ständischen Gesellschaftsordnung ausgeschlossene religiöse Minderheit. Sie wurden zu gleichberechtigten Staatsbürgern und ihre Integration in die bürgerliche Gesellschaft des Kaiserreichs verlief, mit Ausnahmen in einigen Teilbereichen (Bürokratie, Militär), durchaus erfolgreich. In den Augen der Antisemiten waren die Juden nun aber nicht nur gleichberechtigt, sondern schickten sich an, ganze Bereiche des gesellschaftlichen Lebens (insbesondere Wirtschaft, Presse, Politik) unter ihre Kontrolle zu bringen. Daher müsse man sich durch

---

Semitism and emancipation in 19th century Bavaria, Ann Arbor 1994; Robert von Friedeburg, Kommunaler Antisemitismus. Christliche Landgemeinden und Juden zwischen Eder und Werra vom späten 18. bis zur Mitte des 19. Jahrhunderts, in: Monika Richarz/ Reinhard Rürup (Hg.), Jüdisches Leben auf dem Lande. Studien zur deutsch- jüdischen Geschichte, Tübingen 1997, S. 139- 171; Stefan Rohrbacher, Sozialer Protest und antijüdische Ausschreitungen im 19. Jahrhundert, in: Wolfgang Benz/ Werner Bergmann (Hg.), Vorurteil und Völkermord. Entwicklungslinien des Antisemitismus, Freiburg u.a. 1997, S. 159- 174. Zur Unterscheidung der Begriffe Antijudaismus, Frühantisemitismus und Antisemitismus vgl. Johannes Heil, "Antijudaismus" und "Antisemitismus". Begriffe als Bedeutungsträger, in: Jahrbuch für Antisemitismusforschung 6 (1997), S. 92- 114.

Einschränkung oder Aufhebung der Emanzipation der "jüdischen Vorherrschaft", ja der "jüdischen Weltherrschaft" erwehren.[11] In den 1870er Jahren kamen solche Stimmen noch vorwiegend aus dem vom Kulturkampf zusammengeschweißten katholischen Milieu. Mit dem "Gründerkrach" fand die Kritik an der Judenemanzipation auch in die bürgerlich- protestantische Leitkultur des Kaiserreichs Eingang. Einen erfolglosen Versuch, das Rad der Geschichte zurück zu drehen unternahm die Antisemitenpetition von 1880/81. Sie forderte die Einschränkung der staatsbürgerlichen Rechte der Juden und konnte immerhin ca. 250.000 Unterschriften an den Reichskanzler übergeben. Die Petition stand im Zusammenhang mit einer Antisemitismuswelle Ende der 1870er, Anfang der 1880er Jahre wie es sie seit den antijüdischen Ausschreitungen der Jahre 1819/34/48 nicht mehr gegeben hatte. Vor allem in der Reichshauptstadt traten Agitatoren der so genannten "Berliner Bewegung" wie Adolf Stoecker, Wilhelm Marr, Max Liebermann von Sonnenberg, Bernhard Förster, Ernst Henrici gegen den jüdischen Einfluss in der Gesellschaft auf und präsentierten die teilweise oder gänzliche Rücknahme der Judenemanzipation als Patentlösung der wirtschafts- und sozialpolitischen Probleme ihrer Zeit.[12] Nach dem Abflauen der

---

[11] Vgl. Reinhard Rürup, Emanzipation und Antisemitismus. Studien zur "Judenfrage" der bürgerlichen Gesellschaft, Frankfurt a.M. 1987; Peter Pulzer, The Rise of Political Anti- Semitism in Germany and Austria, Cambridge 1988; Berding, Moderner Antisemitismus.
[12] Die Forschung hat sich bisher eher einzelnen Agitatoren, v.a. Wilhelm Marr und Adolf Stoecker, gewidmet (siehe Fußnoten 13, 15), anstatt die "Berliner

"Berliner Bewegung" verlagerte sich der Antisemitismus in die Provinz, wo er sich parteipolitisch organisierte, lokale Hochburgen ausbildete und enge Verbindungen mit Interessenverbänden knüpfte.

Der Angriff auf die Judenemanzipation und die organisatorische Professionalisierung wurden von einer Weiterentwicklung der Ideologie flankiert. Mit der Rezeption von Rassentheorien stellte der moderne Antisemitismus die Judenfeindschaft auf ein neues Fundament. Nicht als Angehörige des mosaischen Glaubens seien die Juden eine Gefahr für die Nichtjuden, sondern als Mitglieder einer fremden "Rasse", deren negative körperliche und charakterliche Eigenschaften keinen Eingang in das Erbgut überlegener Rassen finden dürften. Damit ideologisierte und verschärfte der Rassenantisemitismus die Judenfeindschaft, weil seine biologistische Logik Taufe und Assimilation als Lösungen der "Judenfrage" ausschloss. Der Begriff Antisemitismus selbst reflektiert den Paradigmenwechsel von Religion zu Rasse. Seine Entstehung wird Wilhelm Marr (1819- 1904) und seiner Schrift "Der Sieg des Judenthums über das Germanenthum. Vom nichtconfessionellen Standpunkt aus betrachtet" (1879) zugeschrieben. Marr bezeichnete die Juden in Anlehnung an theologisch- historische und völkerkundliche Literatur auch als "Semiten", um sein rassisches Verständnis der "Judenfrage" von der klassischen christlichen Judenfeindschaft abzugrenzen. Ohne dass Marr als Theoretiker

---

Bewegung" als zusammenhängendes Phänomen zu untersuchen. Die Antisemitenpetition ist bislang kaum wissenschaftlich aufgearbeitet worden.

größere Beachtung gefunden hätte, setzte sich "Anti-Semitismus" international als Bezeichnung moderner Judenfeindschaft durch.[13]
Man darf aber nicht den Fehler begehen, den Rassebegriff des späten 19. Jahrhunderts mit demjenigen der Nationalsozialisten gleichzusetzen. Die rassentheoretischen Schriften von Graf Gobineau (1816- 1882), Houston Stewart Chamberlain (1855- 1927) und ihren Adepten Ludwig Schemann (1852- 1938) und Adolf Bartels (1862- 1945) wurden nicht vor der Jahrhundertwende rezipiert und verwendeten zudem einen kulturalistisch verdünnten Rassebegriff. Häufig stand "Rasse" nur als Synonym für andere diffuse Begrifflichkeiten wie Volk, Stamm, Nation, Wesen, die allesamt darauf abzielten, die Juden als fremdes und zersetzendes Element innerhalb der deutschen Gesellschaft auszugrenzen.[14] Wie wenig festgelegt der Rassebegriff noch war, zeigt, dass ihn auch der konservative Hofprediger Adolf Stoecker (1835-

---

[13] Zur Begriffsgeschichte: Thomas Nipperdey/ Reinhard Rürup, Antisemitismus, in: Otto Brunner/ Werner Conze/ Reinhart Koselleck (Hg.), Geschichtliche Grundbegriffe. Historisches Lexikon zur politisch- sozialen Sprache in Deutschland, Bd.1, Stuttgart 1972, S. 129- 153. Zu Wilhelm Marr: NDB 16 (1990), S. 247- 249; Mosche Zimmermann, Wilhelm Marr. The Patriarch of Antis-Semitism, New York 1986.

[14] Vgl. Berding, Moderner Antisemitismus, S. 140- 151. Zur Geschichte des Rassebegriffs: Werner Conze, Rasse, in: Brunner u.a. (Hg.), Geschichtliche Grundbegriffe, Bd.5, Stuttgart 1978, S. 135- 178; Annegret Kiefer, Das Problem einer "jüdischen Rasse". Eine Diskussion zwischen Wissenschaft und Ideologie 1870- 1930 (Marburger Studien zur Medizingeschichte Bd.29), Frankfurt a.M. 1991.

1909) gebrauchte, obwohl er die Konversion von Juden zum Christentum als Lösung der "Judenfrage" akzeptierte.[15] Der Übergang zum Biologismus in Reinkultur deutete sich im Kaiserreich an, war aber noch nicht Konsens unter allen Antisemiten. Einige, wie z.B. Paul de Lagarde, lehnten die "blutsmäßige" Definition von "Rasse" sogar ausdrücklich ab.

Anstatt den "eliminatorischen Rassenantisemitismus" der Nationalsozialisten in die Geschichte zurückzuprojizieren[16], ist es lohnenswerter, den Antisemitismus aus der sozioökonomischen und geistig- kulturellen Situation des Kaiserreichs heraus zu verstehen. Aus dieser Perspektive lassen sich drei häufig in Überschneidung auftretende Motive antisemitischen Denkens unterscheiden, die auch in der zeitgenössischen antisemitischen Karikatur eine zentrale Rolle spielten:

1. Sozioökonomische Erklärungsmodelle haben wie in der Geschichtswissenschaft allgemein auch in der

---

[15] Zu Adolf Stoecker: Wanda Kampmann, Adolf Stoecker und die Berliner Bewegung. Ein Beitrag zur Geschichte des Antisemitismus, in: GWU 13 (1962), S. 558- 579; Günter Brakelmann/ Martin Greschat/ Werner Jochmann (Hg.), Protestantismus und Politik. Werk und Wirkung Adolf Stoeckers, Hamburg 1982; Gerit Koch, Adolf Stoecker 1835- 1909. Ein Leben zwischen Politik und Kirche, Erlangen 1993.
[16] Zur angeblichen Entstehung des "eliminatorischen" Antisemitismus im Kaiserreich: Daniel N. Goldhagen, Hitlers willige Vollstrecker. Ganz gewöhnliche Deutsche und der Holocaust, Berlin (9.Aufl.) 1996, S. 71- 105.

Antisemitismusforschung nicht gerade Konjunktur.[17] Kritiker sozialhistorischer Krisenmodelle haben allerdings noch keine überzeugende Alternative vorgebracht.[18] Nach wie vor gilt: Ohne eine Analyse realer und empfundener sozioökonomischer Krisenerscheinungen des Industrialisierungsprozesses, ist judenfeindliches Denken im deutschen Kaiserreich und anderswo nicht zu verstehen. Krisen bildeten den Nährboden des Antisemitismus. Die Sozialstruktur der Anhänger und Mitglieder antisemitischer Parteien und Organisationen verrät, dass Antisemitismus im Kaiserreich eine mögliche Antwort auf soziale und wirtschaftliche Statusängste

---

[17] Vgl. Till van Rahden, Ideologie und Gewalt. Neuerscheinungen über den Antisemitismus in der deutschen Geschichte des 19. und frühen 20. Jahrhunderts, in: NPL 41 (1996), S. 12. Einen aktuelleren Überblick gibt: Rainer Hering, Antisemitismus im deutschen Kaiserreich. Neuere Studien, in: Auskunft 24 (2004), S. 363- 376.

[18] Rohrbacher/ Schmidt, Judenbilder sprechen sich z.B. gegen sozialhistorische Krisenmodelle aus und betonen die Autonomie antisemitischer Diskurse, um nur wenige Seiten weiter den Erfolg von Arthur Dinters Roman "Die Sünde wider das Blut" (1917) auf "Deklassierungserfahrungen" nach Weltkrieg und Revolution zurückzuführen. Weiter führt hingegen die These vom Zusammenhang zwischen Konfessionalismus und Antisemitismus (siehe I.2.), die allerdings ihre Grenze in der Tatsache findet, dass die Mehrzahl der judenfeindlichen Stereotype eher schichtspezifisch als konfessionsspezifisch angepasst waren. Der katholische und der protestantische Bauer verkehrten zwar in unterschiedlichen Milieus, glaubten aber beide an denselben Mythos vom "jüdischen Wucherer" und "Güterschlächter".

in mittel- und kleinbürgerlichen Schichten war. Antijüdische Vorurteile gab es wohl in fast allen Teilen der Bevölkerung, politisch mobilisierend wirkten sie aber vorrangig auf jene mittelständischen Schichten, die sich selbst auf der Seite der Modernisierungsverlierer im beschleunigten wirtschaftlichen und gesellschaftlichen Wandel des Industriezeitalters wähnten. Konkret lassen sich folgende gesellschaftliche Gruppen nennen:

- Handwerker und kleine Gewerbetreibende, die vermehrt Probleme hatten, sich auf den rapiden Wandel der industriellen Produktion einzustellen und ihre Unabhängigkeit im Arbeitsprozess zu sichern,
- Landwirte, die Verschuldung, Misswirtschaft und Preisverfall durch die Globalisierung der Märkte bedrückten,
- Angestellte, die materiell kaum besser gestellt als Facharbeiter peinlich darum bemüht waren, ihren sozialen Status gegenüber der Arbeiterschaft zu wahren,
- Studenten, die angesichts von Stellenknappheit und steigenden Studentenzahlen um ihre berufliche Zukunft fürchteten,
- Intellektuelle, Kunst- und Kulturschaffende, denen die Moderne generell suspekt war und die sich in einen romantischen Kulturpessimismus flüchteten.

Wirtschaftskrisen ("Gründerkrach", "Große Depression") und wirtschaftspolitische Entscheidungen (Handelsverträge, Senkung von Schutzzöllen) verschärften die Statusängste und mit ihnen den Antisemitismus, der alle Gefahren für den

Mittelstand als Produkt jüdischer Verschwörungen präsentierte.[19] Der politische Antisemitismus ging in zahlreichen Parteien und Verbänden eine Symbiose mit agrarischer und mittelständisch- klein- bürgerlicher Interessenpolitik ein. Reiner Judenhass ohne diese sozioökonomische Fundierung hatte keine längerfristige mobilisierende Wirkung. Wenn antisemitische Parteien und Mittelstands- vereinigungen pünktlich zum Weihnachtsgeschäft zum Boykott jüdischer Geschäfte aufriefen, liegt die unmittelbare ökonomische Motivation der Judenfeindschaft auf der Hand. Tatsächliche soziale und ökonomische Reibungsflächen zwischen jüdischer und nichtjüdischer Bevölkerung können die besondere Anfälligkeit der oben aufgezählten gesellschaftlichen Gruppen für den Antisemitismus allerdings nicht hinreichend erklären. Die Existenzgefährdung des Kleinhändlers durch das "jüdische" Warenhaus und des Bauern durch den "jüdischen" Viehhändler waren eher Propaganda- konstruktionen, als dass sie ökonomische Konfliktlinien realistisch wiedergeben.[20] Vielmehr

---

[19] Vgl. Rosenberg, Große Depression und Bismarckzeit, S. 88- 117.

[20] Noch bis in die 1980er Jahre sind namhafte Historiker auf die antisemitische Mythenbildung hereingefallen und haben versucht, den Antisemitismus im Kaiserreich mit diesen "Realkonflikten" zu erklären. Vgl. Stefan Rohrbacher, Über das Fortwuchern von Stereotyp- vorstellungen in der Geschichtswissenschaft, in: Johannes Heil/ Bernd Wacker (Hg.), Shylock? Zinsverbot und Geldverleih in jüdischer und christlicher Tradition, München 1997, S. 235- 252. Zur Landwirtschaft: Rohrbacher/ Schmidt, Judenbilder, S. 11- 147. Zu Handwerk und Handel: Albert Lichtblau, Antisemitismus

firmierten die Juden als Repräsentanten aller
Erscheinungsformen der modernen Industriegesellschaft, von denen man sich bedroht fühlte: So
unterschiedliche Phänomene der Moderne wie
Kapitalismus, Liberalismus ("goldene Inter-
nationale"), Sozialismus ("rote Internationale"),
Atheismus, Materialismus, Verstädterung, Börse,
Massenpresse waren aus der Sicht der Antisemiten
jüdische Instrumente, die Herrschaft über
Deutschland zu erringen und die biederen und
unbedarften Deutschen trickreich auszubeuten. Es
handelte sich aber keineswegs um die willkürliche
Auswahl eines Sündenbocks, auf den alles und jedes
projiziert werden konnte. Betrachtet man die Sozial-,
Berufsstruktur und die politischen Präferenzen der
Juden im kaiserlichen Deutschland, kann man
feststellen, dass es eine Asymmetrie zwischen der
jüdischen Modernisierung und der Modernisierung
der Gesellschaft gab. Erstens schritt der Prozess der
Urbanisierung beim jüdischen Bevölkerungsteil, der
auf Reichsebene etwa 1% der Gesamtbevölkerung
ausmachte, im Vergleich zu den Nichtjuden
wesentlich schneller voran. Lebte Anfang der 1880er
Jahre noch über die Hälfte der jüdischen
Bevölkerung Preußens in Orten mit weniger als
20.000 Einwohnern, traf dies 1910 nur noch für
28,38% zu, während 59,49% in Städten mit über
100.000 Einwohnern ansässig waren. Insgesamt
betrachtet lebten, wenn man Statistiken von 1885 zu
Rate zieht, 43% aller deutschen Juden in
Großstädten (vor allem Berlin, Frankfurt a.M.,
Breslau, Köln), aber nur 16% der Gesamt-

---

und soziale Spannung in Berlin und Wien 1867- 1914,
Berlin 1994.

bevölkerung. Zweitens gab es erhebliche Unterschiede in der Gewerbe- und Sozialstruktur. Die jüdische Bevölkerungsgruppe war durch eine breite Mittelschicht gekennzeichnet. Im Zuge der Industrialisierung stieg zwar der Prozentsatz der in der Industrie beschäftigten Juden stetig an, der Handel blieb aber das Hauptberufsgebiet, in dem 1895 gut drei Viertel, 1907 fast drei Viertel aller jüdischen Erwerbstätigen beschäftigt waren. Außerdem war die Zahl der Selbständigen und leitenden Angestellten überdurchschnittlich hoch. Um 1900 zählten etwa drei Fünftel der jüdischen Bevölkerung zum oberen oder mittleren Bürgertum, und ca. 50% aller waren selbständig oder in leitenden Positionen beschäftigt.[21] Die Interpretation dieser beeindruckenden Zahlen ist aber nicht so einfach wie es scheint. Neuere Studien müssten

---

[21] Vgl. Hans- Günter Zmarzlik, Antisemitismus im deutschen Kaiserreich 1871-1918, in: Bernd Martin/ Ernst Schulin (Hg.), Die Juden als Minderheit in der Geschichte, München 1981, S. 250- 252; Thomas Nipperdey, Deutsche Geschichte 1866-1918, Bd.1: Arbeitswelt und Bürgergeist, München 1990, S. 396ff; Gewerbestruktur der deutschen Juden: Vgl. Hans Martin Klinkenberg, Zwischen Liberalismus und Nationalismus im 2.Kaiserreich, in: Konrad Schilling (Hg.), Monumenta Judaica. 2000 Jahre Geschichte und Kultur der Juden am Rhein, Köln 1963, S. 365ff; Arthur Prinz, Juden im deutschen Wirtschaftsleben. Soziale und wirtschaftliche Struktur im Wandel 1850- 1914, Tübingen 1984, S. 67ff; Monika Richarz, Berufliche und soziale Struktur, in: Michael A. Meyer (Hg.), Deutsch- jüdische Geschichte in der Neuzeit, Bd.3: Umstrittene Integration 1871- 1918, München 1997, S. 41.

kritischer überprüfen, ob und wie stark Bürgerlichkeit und Statusgewinn, sowie Selbständigkeit und wirtschaftlicher Erfolg miteinander korrelierten. Gesichertere Aussagen als zur sozialen Schichtung können über die Berufsstruktur getätigt werden. In den größten Beschäftigtengruppen, d.h. Bauern, Landarbeiter und industrielle Arbeiterschaft, waren Juden klar unterrepräsentiert und blieben es auch trotz leichter Zuwächse. Deutlich überrepräsentiert waren die Juden dagegen in leitenden Positionen in Teilbereichen des Bankenwesens, des Handels und Kleinhandwerks, sowie unter nichtstaatlichen Bildungsberufen (Ärzte, Journalisten, Rechtsanwälte etc.).[22] Besonders hervorstechend erschien der jüdische Anteil an der Medienlandschaft: Die großen Pressekonzerne Mosse und Ullstein wurden von Juden geführt, ebenso wie die Verlagshäuser S. Fischer und Frankfurter Societät. Von einer jüdischen Medienmacht kann aber genau so wenig die Rede sein, wie von einer jüdischen Geldmacht. Der überdurchschnittliche Anteil der Juden am Steueraufkommen in Großstädten ist auf einige wenige Spitzenverdiener zurückzuführen. Die große Mehrheit der Juden war keineswegs reich.

Drittens lässt sich statistisch belegen, dass die Juden über einen Bildungsvorsprung gegenüber den Nichtjuden verfügten. 1887 waren 25% aller Berliner Gymnasiasten Juden, bei einem jüdischen

---

[22] Sektorale Verteilung der Beschäftigung in % für 1895 (Gesamtgesellschaft : Juden): Landwirtschaft 37,5% : 1,6%, Handwerk und Industrie 37,5% : 22,5%, Handel und Verkehr 10,6% : 65,2%, öffentlicher Dienst und freie Berufe 6,4% : 7,1%, häusliche Dienste 8% : 3,6%. Richarz, Berufliche und soziale Struktur, S. 41.

Bevölkerungsanteil der Stadt von etwa 5%. Auch an den Universitäten und Technischen Hochschulen waren Juden als Studenten überdurchschnittlich vertreten. Im Studienjahr 1887/88 waren 11,86% aller an preußischen Universitäten eingeschriebenen Studenten jüdischen Glaubens.[23] Viertens waren die politischen Präferenzen im Vergleich zum nichtjüdischen Wähler bürgerlicher Provenienz anders verteilt. Die Juden neigten viel stärker den Liberalen und den Sozialdemokraten zu, den eigentlichen "Klassenparteien" des Industriezeitalters, während unter der nichtjüdischen Bevölkerung konfessionelle und agrarische Bindungen weiterhin stark die politischen Präferenzen prägten.[24]

---

[23] Vgl. Werner Habel, Deutsch- jüdische Geschichte am Ausgang des 19. Jahrhunderts, Kastellaun 1977, S. 81- 85; Werner E. Mosse, Die Juden in Wirtschaft und Gesellschaft, in: Ders. (Hg.), Juden im Wilhelminischen Deutschland 1890-1914, Tübingen 1976, S. 57- 115; Nipperdey, Deutsche Geschichte, S. 396- 413; Klinkenberg, Zwischen Liberalismus und Nationalismus, S. 371ff; Kurt Koszyk, Deutsche Presse im 19. Jahrhundert (Abhandlungen und Materialien zur Publizistik Bd.6), Berlin 1966, S. 276- 295; Pulzer, The Rise of Political Anti- Semitism, S. 12; Norbert Kampe, Studenten und "Judenfrage" im Deutschen Kaiserreich. Die Entstehung einer akademischen Trägerschicht des Antisemitismus (Kritische Studien zur Geschichtswissenschaft Bd.76), Göttingen 1988, S. 84.

[24] Vgl. Jacob Toury, Die politische Orientierung der Juden in Deutschland. Von Jena bis Weimar, Tübingen 1966; Peter Pulzer, Die jüdische Beteiligung an der Politik, in:

Sozial-, Berufsstruktur und politische Orientierung der Juden im Kaiserreich zeigen, dass sie in der Tat mit den umwälzenden Veränderungen der Industrialisierung besser zurecht gekommen waren. In paradoxer Weise begünstigt durch die alten Diskriminierungen, die ihnen eine Betätigung in Landwirtschaft und Zunfthandwerk verwehrten, hatten sie sich gegenüber dem Durchschnitt der Gesamtbevölkerung einen Modernisierungsvorsprung erarbeitet. Die an Christian Wilhelm Dohm[25] orientierte Vorstellung, dass mit der Emanzipation die Juden ihre angestammten Tätigkeitsbereiche in Handel und Geldwirtschaft aufgeben würden, erwies sich als unrealistisch. Bereits 1844 hatte Karl Marx prophezeit, dass unter den Bedingungen einer kapitalistischen Industriegesellschaft nicht mehr sinnvoll von "Judenemanzipation" gesprochen werden könne. Vielmehr werde es zur Assimilation der Christen an das sozioökonomische Verhalten der Juden kommen.[26] Ganz ähnlich äußerten sich auch nichtmarxistische Soziologen über das Judentum. Seine Mobilität, Anpassungsfähigkeit und kapitalistische Wirtschaftsgesinnung mache das "Nomadenvolk" (Werner Sombart) zum Exponenten

---

Mosse (Hg.), Juden im wilhelminischen Deutschland, S. 143- 241.
[25] Vgl. Christian Wilhelm Dohm, Über die bürgerliche Verbesserung der Juden (1781), Hildesheim 1973.
[26] Damit lieferte Marx eine Steilvorlage für viele Antisemiten, vor allem für Agitatoren wie Marr und Dühring, die ihre Karriere einst wie Marx selbst als Liberale und Linkshegelianer begonnen hatten. Vgl. Karl Marx, Zur Judenfrage, in: Marx- Engels Werke, Bd.1, Berlin (Ost) 1958, S. 372f.

der modernen Wirtschafts- und Gesellschaftsordnung.[27] Es ist umstritten, ob diese Thesen als
antisemitisch einzustufen sind. Entscheidender ist
die Erkenntnis, dass der Umbruch zur Industriegesellschaft sogar Bildungseliten veranlasste, an der
Konstruktion eines judenfeindlichen Stereotyps - der
grob simplifizierenden Identifikation von Judentum
und Kapitalismus - mitzuarbeiten.

Nur die realen Strukturbedingungen der
Industrialisierungszeit können sinnvoll erklären,
warum die wildesten antisemitischen Verschwörungstheorien in von Sozialneid und
Statusängsten bewegten Bevölkerungsgruppen
Glaubwürdigkeit finden konnten. Der Aufstieg einer
zuvor diskriminierten Minderheit in einer Epoche
allgemeiner materieller und ideeller Verunsicherung
erschien vielen Zeitgenossen suspekt.[28]

Wie in der antisemitischen Agitation allgemein,
spielte auch in antisemitischen Karikaturen die
Herstellung einer Verbindung zwischen bäuerlich-
mittelständischen Ängsten gegenüber bedrohlichen

---

[27] Vgl. Karl- Siegbert Rehberg, Das Bild des Judentums in
der frühen deutschen Soziologie. "Fremdheit" und
"Rationalität" als Typusmerkmale bei Werner Sombart,
Max Weber und Georg Simmel, in: Hans Otto Horch
(Hg.), Judentum, Antisemitismus und europäische Kultur,
Tübingen 1988, S. 151- 186.

[28] Vgl. Gunther Mai, Sozialgeschichtliche Bedingungen
von Judentum und Antisemitismus im Kaiserreich, in:
Ders. u.a. (Hg.), Judentum und Antisemitismus von der
Antike bis zur Gegenwart, Düsseldorf 1984, S. 113- 136;
Werner Jochmann, Gesellschaftskrise und Juden-
feindschaft in Deutschland 1870- 1945 (Hamburger
Beiträge zur Sozial- und Zeitgeschichte Bd.23), Hamburg
1988, S. 30- 98; Zumbini, Die Wurzeln des Bösen, S. 66.

Zügen der Moderne und den Juden als Feindbild eine zentrale Rolle. So erschienen die Juden als Repräsentanten eines moralisch fragwürdigen großstädtischen Lebens mit dekadenten sittlichen Ausschweifungen und als kapitalistische Ausbeuter mit den Attributen Geldsack und Kurszettel. Im Geschäftemachen seien sie gnadenlose Egoisten und Materialisten, ohne moralische Bedenken und Schamgefühl. Insbesondere Vorwürfe bezüglich "Börsenschwindel", Wucher, "Güterschlächterei" und der Warenhäuser als "jüdische Ramschbasare" wurden breit behandelt. Das "raffende" jüdische Kapital, das sich durch Börse und Kreditgeschäft nur selbst vermehre ohne Werte zu kreieren, wurde dem "schaffenden" Kapital des christlich- deutschen Handwerkers, Bauern, Kaufmann etc. gegenübergestellt. Dazu passte, dass die physiognomische und charakterliche Ausgestaltung der Stereotype suggerierte, die Juden seien unfähig oder unwillig zu körperlicher Arbeit. Des weiteren warfen viele Karikaturen den Juden vor, ihre Bildung zum Nachteil der Allgemeinheit auszuspielen, um sich in allen Lebensbereichen vorzudrängen. Der schnelle soziale Aufstieg vieler Juden ("vom Hausierer zum Bankier") wurde als widernatürlich und Produkt von Unterwanderung, Betrug und Habgier ("Stamm Nimm") vorgestellt. Und schließlich wurden die Juden als Hintermänner von Liberalismus und Sozialdemokratie "entlarvt", die angeblich in rein jüdischem Wirtschaftsinteresse agierten.[29] Fasst man

---

[29] Vgl. Eduard Fuchs, Die Juden in der Karikatur. Ein Beitrag zur Kulturgeschichte, München 1921, S. 211ff; Freddy Raphael, "Der Wucherer", in: Schoeps/ Schlör (Hg.), Antisemitismus, S. 103- 118; Avram Barkai, "Der Kapitalist", in: Ebd., S. 265- 272; Michaela Haibl, "Vom

die Motive zusammen, lässt sich sagen, dass die Koexistenz von Juden und Nichtjuden im deutschen Wirtschaftsleben in antisemitischen Karikaturen als Täter- Opfer- Beziehung geschildert wurde.

2. Christlich religiöse Vorurteile spielten auch im modernen Antisemitismus eine große Rolle. Darüber sollte die Forderung vieler Antisemiten, die Judenfrage nicht als Religions-, sondern Rassenfrage zu behandeln, nicht hinwegtäuschen. In der Agitation konservativer Judengegner wie Hofprediger Stoecker stand die Opposition christlich- deutsch contra jüdisch- undeutsch im Vordergrund. Betonte Christlichkeit galt in Deutschland als integraler Bestandteil des Nationalcharakters.[30] Der Kulturkampf hatte aber protestantische und katholische Christen entzweit und die Katholiken dem preußisch- protestantisch geprägten Nationalstaat entfremdet. Die ultramontanen Katholiken galten wie die Sozialdemokraten als "Reichfeinde". Christlich- deutsch contra jüdisch- undeutsch erschien daher für einige Nationalisten eine geeignete Formel zur

Ostjuden zum Bankier". Zur visuellen Genese zweier Judenstereotypen in populären Witzblättern, in: Jahrbuch für Antisemitismusforschung 6 (1997), S. 44- 91.

[30] Vgl. Heinz- Gerhard Haupt/ Dieter Langewiesche (Hg.), Nation und Religion in der deutschen Geschichte, Frankfurt a.M. 2001.

Überwindung von Konfessionsgegensätzen zu
bieten, bei der Antisemitismus als negative
Integrationsideologie fungierte.[31] Dieser Ansatz ließ
sich zu einer "Germanisierung" des Christentums
ausbauen wie sie beispielsweise von den völkischen
Vordenkern Paul de Lagarde und Friedrich Lange
angestrebt wurde. Alternativ kursierte in antisemitischen Kreisen sogar die Forderung, die
"verjudete" christliche Religion durch eine
Hinwendung zu heidnisch- germanischen Kulten zu
ersetzen. (siehe z.B. die Zeitschriften Heimdall und
Odin)[32] Auch Christen, die völkisch-
nationalreligiöse Tendenzen ablehnten, hatten die
Verunsicherungen durch Kulturkampf und
Säkularisierung zum Antisemitismus geführt.
Konservative in beiden Konfessionen stimmten
darin überein, die Bodenverluste der Kirche in Staat
und Gesellschaft dem Liberalismus anzulasten,
hinter dem sich das Judentum verberge. Der Mainzer
Bischof Wilhelm Emanuel von Ketteler brachte
diesen Zusammenhang wie folgt auf den Punkt:
"Der Liberalismus ist ohne Religion, Volksgeist,
Tiefe und Sitte; sein Hauptvertreter ist das

---

[31] Vgl. Hering, Antisemitismus im deutschen Kaiserreich,
S. 365.
[32] Vgl. Leonore Siegele- Wenschkewitz (Hg.), Christlicher
Antijudaismus und Antisemitismus. Theologische und
kirchliche Programme Deutscher Christen, Frankfurt a.M.
1994; Ulrich Nanko, Das Spektrum völkisch- religiöser
Organisationen von der Jahrhundertwende bis ins "Dritte
Reich", in: Stefanie Schnurbein/ Justus H. Ulbricht (Hg.),
Völkische Religion und Krisen der Moderne. Entwürfe
"arteigener" Glaubenssysteme seit der Jahrhundertwende,
Würzburg 2001, S. 208- 226. Zu Friedrich Lange: NDB 13
(1982), S. 554f.

Judentum. Das deutsche Volk lässt sich von den Juden darüber belehren, was deutsches Wesen ist."[33] Darüber hinaus war der Antisemitismus für Kulturkämpfer beider Seiten attraktiv, indem der jeweilige Gegner als mit den Juden im Bunde diffamiert werden konnte. Im Vergleich zur Reformationszeit waren Judaisierungsvorwürfe in den konfessionellen Konflikten des 19. Jahrhunderts weniger mit theologischen als mit politischen Inhalten gefüllt, ihre Funktion war aber dieselbe. Wer behauptete, der Gegner "judaisiere", konnte seine eigene Christlichkeit in einem um so helleren Licht erstrahlen lassen.[34] Die lange geltende Lehrmeinung, der deutsche Katholizismus habe sich vom Antisemitismus ferngehalten, muss relativiert werden. Zwar verhinderte die katholische Milieubildung das Eindringen des in Parteien und Verbänden organisierten Antisemitismus in katholische Regionen, Zentrumspolitiker, Klerus und Presse scheuten sich aber nicht, gegen Judentum und Liberalismus als Feinde der katholischen Kirche zu Felde zu ziehen.[35] Luthers Judenfeindschaft und

---

[33] Zit. nach Ernest Hamburger, Jüdische Wähler und bürgerliche Parteien, in: Otto Büsch/ Monika und Wolfgang Wölk (Hg.), Wählerbewegung in der deutschen Geschichte. Analysen und Berichte zu den Reichstagswahlen 1871- 1933, Berlin 1978, S. 347.
[34] Zur Argumentationsfigur des "Judaisierens" in der Reformationszeit vgl. Achim Detmers, Reformation und Judentum. Israel- Lehren und Einstellungen zum Judentum von Luther bis zum frühen Calvin, Stuttgart 2001, S. 65f.
[35] Vgl. Blaschke, Katholizismus und Antisemitismus. Ebenso die Beiträge in Ders./ Aram Mattioli (Hg.), Katholischer Antisemitismus im 19. Jahrhundert.

die Nähe zum deutschen Nationalismus machten den Protestantismus für antisemitisches Gedankengut anfällig. Polemiken gegen Juden und Jesuiten als Feinde von Nation und Christentum, die im Rahmen des Verbandswesens (Protestantenverein, Evangelischer Bund) und der inneren Mission (Gesellen- und Arbeitervereine) getätigt wurden, können nicht als "radauprotestantische Ausrutscher" abgetan werden. Protestantische Geistliche waren, ihrem Vorbild Stoecker folgend, in antisemitischen Parteien und Vereinen zahlreich vertreten. In den Vereinen deutscher Studenten (VDSt) stellten anfänglich protestantische Theologiestudenten die Hälfte aller Mitglieder.

Der vom Verein zur Abwehr des Antisemitismus publizierte "Antisemiten- Spiegel" brachte den von der Geschichtswissenschaft lange vernachlässigten Zusammenhang zwischen Antisemitismus und Konfessionalismus auf den Punkt: Bei den sich zum Christentum bekennenden Antisemiten "handelt es sich nicht um Religion, sondern um Konfession, nicht um das, was die Menschen mit Gott verbindet, sondern um das, was die Christen voneinander trennt. Deshalb verfolgen antisemitische Katholiken den Protestantismus ebenso wie das Judentum, darum stehen dem antisemitischen Protestantismus das Judentum und der ultramontane Katholizismus häufig gleich."[36]

Die neuerdings populär gewordene These vom engen Zusammenhang zwischen Ultramontanismus

---

Ursachen und Traditionen im internationalen Vergleich, Zürich 2000.

[36] Antisemiten- Spiegel. Die Antisemiten im Lichte des Christentums, des Rechts und der Wissenschaft, Danzig (2.Aufl.) 1900, S. 282.

und Antisemitismus greift zu kurz und übersieht, dass sich Argumente und Funktionen der Judenfeindschaft bei ultramontanen Katholiken und konservativen Protestanten nur in Nuancen unterschieden.[37] Paradoxerweise konnten sowohl jene, die den Konfessionskonflikt überwinden, als auch jene, die ihn schüren wollten, den Antisemitismus als Waffe einsetzen. Die Juden wurden auch im 19. Jahrhundert in innerchristliche Konflikte hineingezogen, auf deren Entwicklung sie keinen direkten Einfluss ausüben konnten.

Neben der Konfessionsfrage spielten auch die primitiven Feindbilder des christlichen Mittelalters, die Juden als Christusmörder, Hostienschänder, Brunnenvergifter und Ritualmörder brandmarkten, bei der Mobilisierung von Ressentiments eine nicht zu unterschätzende Rolle. Auf dem 1882 in Dresden stattfindenden Internationalen Antijüdischen Kongress prangte ein Portrait des angeblichen ungarischen "Ritualmordopfers" Esther Solymossi über dem Rednerpult. Die Blutbeschuldigung gegen die Juden war vor allem in Osteuropa weit verbreitet. Zwischen 1871 und 1914 kam es in Deutschland, soweit bekannt, zu 17 Fällen von Blut- und Ritualmordbeschuldigungen, von denen drei vor Gericht verhandelt wurden.[38] Auch im "Zeitalter der

---

[37] Vgl. Wolfgang Heinrichs, Das Judenbild im Protestantismus des deutschen Kaiserreichs. Ein Beitrag zur Mentalitätsgeschichte des deutschen Bürgertums in der Krise der Moderne, Köln 2000, S. 685- 689.

[38] Fast alle bekannten Beschuldigungsfälle ereigneten sich in ländlich- katholischen Regionen im Westen und in den preußischen Ostprovinzen: 1873 Enninger (Westfalen), 1884 Skurz (bei Danzig)*, 1889 Breslau, 1891 Xanten (Niederrhein)*, 1893 Kempen (Niederrhein), 1894 Berent

Säkularisierung" waren Religion und uralte religiös
bedingte Vorurteile als gesellschaftliche In- und
Exklusionsmechanismen gegenüber den Juden
wirksam.[39]
Dies spiegelt sich in den antisemitischen
Karikaturen, die auf das Thema Religion keineswegs
verzichteten. Juden als Ritualmörder, Verbreiter von
Seuchen, Gotteslästerer, Atheisten, Tierquäler
(Schächten), Anhänger mystischer Formeln und
Rituale, allgemein als Antipoden christlicher Werte
und Lebensweisen, mit einem Wort als Antichristen,
darzustellen, gehörte offenbar zum allgemeinen und
unverzichtbaren Repertoire. Aus Mittelalter und
Früher Neuzeit überlieferte Motive wurden
aufgegriffen und z.T. ideologisch "modernisiert".
Zum Beispiel transportierte die sprachliche und
bildliche Behandlung der Ritualmordbeschuldigung
neben dem uralten religiösen Vorurteil auch
Assoziationen für sozioökonomische und
rassistische Judenfeindlichkeit. Die Darstellung des
"jüdischen Angriffs auf das Christenblut" konnte als

(Westpreußen), Burgkunstadt (Oberfranken), Ulm
(Württemberg), 1896 Berlin, 1898 Issum (Niederrhein),
Langendorf, Brausberg (Schlesien), Skaisgirren
(Ostpreußen), Schoppinitz (Schlesien), 1900 Oderberg
(Vorpommern), Konitz (Westpreußen)*, 1910 Neuss
(Niederrhein). * = Prozesse.
[39] Vgl. Zumbini, Die Wurzeln des Bösen, S. 258ff. Zur
christlichen Fundiertheit der Judenfeindschaft auch in der
Moderne: Stefan Rohrbacher/ Michael Schmidt, Juden-
bilder. Kulturgeschichte antijüdischer Mythen und
antisemitischer Vorurteile, Reinbek 1991; Wolfgang
Altgeld, Katholizismus, Protestantismus, Judentum. Über
religiös begründete Gegensätze und nationalreligiöse
Ideen in der Geschichte des deutschen Nationalismus,
Mainz 1992.

Symbol genommen werden für parasitäre Ausbeutung, "Vampirismus", Blutentzug im Sinne der Beeinträchtigung der rassischen Reinheit, als deren Träger das Blut angesehen wurde.[40] Bildlich wurden diese Bedeutungserweiterungen durch die Einführung des Motivs des Schächtermessers ("Halsabschneiderei", Phallussymbol) umgesetzt, das in mittelalterlichen und frühneuzeitlichen Ritualmorddarstellungen nicht auftauchte. Weitere beliebte judenfeindliche Topoi, die ihren Ursprung in mittelalterlichen Vorurteilen hatten und nun in aktualisierten Varianten auftraten, waren Unreinheit, Gestank ("foetor judaicus"), Verschwörung gegen Gesundheit und körperliche Integrität der Christen (z.B. durch Brunnenvergiftung, jüdische Ärzte), Gotteslästerung, die Abkunft vom Teufel, Verworfenheit und Heimatlosigkeit (Figur des "Ahasver").

3. Antisemitismus in Deutschland und anderswo in Europa muss als Teil der aufblühenden nationalistisch- rassistischen Vorstellungswelt der zweiten Hälfte des 19. Jahrhunderts gesehen werden.[41] Im Kaiserreich wurde er immer mehr zum integralen Bestandteil eines seit der Zeit der "Großen Depression" im Aufschwung befindlichen radikalisierten und entliberalisierten Nationalismus, während zur gleichen Zeit die vor der Reichs-

---

[40] Vgl. Johannes Groß, Ritualmordbeschuldigungen gegen Juden im Deutschen Kaiserreich (1871–1914), Berlin 2002, S. 201.

[41] Vgl. Shmuel Almog, Nationalism and Antisemitism in Modern Europe 1815-1945, Oxford u.a. 1990 und die Beiträge in Peter Alter u.a. (Hg.), Die Konstruktion der Nation gegen die Juden, München 1999.

gründung so enge Verbindung von Nationalismus
und politischem Liberalismus erodierte.[42] Zwar ist
die Wende vom "linken zum rechten"
Nationalismus, vom Liberal- zum Integral-
nationalismus, mittlerweile zu Recht relativiert
worden. Der deutsche Frühnationalismus kam
keineswegs ohne Feindbilder aus; auch frühe
Nationalisten wie Arndt, Herder oder Turnvater Jahn
waren Judenhasser und Franzosenhasser ohnehin.[43]
Es ist allerdings nicht zu bestreiten, dass die
zahlreichen politischen, sozialen und
konfessionellen Konfliktherde im Kaiserreich und
eine unzureichend ausgebildete demokratische
politische Kultur besonders günstige Voraus-
setzungen für eine antiliberale Radikalisierung des
Nationalismus boten. Dies äußerte sich seit den
1880er Jahren vor allem im verstärkten Eindringen
völkischen Gedankenguts in den deutschen
Nationalismus. Unter dem Begriff "völkisch" ist
weit mehr zu verstehen als nur eine Eindeutschung
des Wortes "national". Die völkische Bewegung
vertrat ein umfassendes, diffuses, teils skurril
wirkendes Reformprogramm in den verschiedensten
Bereichen des gesellschaftlichen Lebens. So
unterschiedliche Strömungen wie Sprachpurismus
gegen französische Lehnwörter oder
Rassenzuchtprogramme wie Willibald Hentschels
"Mittgart" einte ein gemeinsames Ziel: Die
Durchsetzung eines von allen als fremd und

---

[42] Vgl. George L. Mosse, Die Juden im Zeitalter des
modernen Nationalismus, in: Alter u.a. (Hg.), Die
Konstruktion der Nation, S. 15- 25.
[43] Vgl. Michael Jeismann, Der letzte Feind. Die Nation,
die Juden und der negative Universalismus, in: Alter u.a.
(Hg.), Die Konstruktion der Nation, S. 173- 190.

andersartig ausgemachten Elementen purifizierten Deutschtums. Ideengeschichtlich lässt sich dieses völkische Denken auf Herders und Fichtes romantisierten Volksbegriff zurückführen, der das Volk als urwüchsige ethnische Gemeinschaft, mit überpolitischer, sakraler Dignität, konzipierte.[44] Bismarcks Reichsgründung hatte offensichtlich nicht die Frage der nationalen Identität der Deutschen endgültig im Sinne der preußisch- kleindeutschen Staatsnation beantworten können. Die Vorstellung, der Aufstieg völkisch- nationalistischer Ideen, inklusive Antisemitismus, habe als gezielte Ablenkungsstrategie des Obrigkeitsstaats gedient, geht in die Irre. Längst galt die oberste Loyalität vieler Nationalisten nicht mehr vorrangig dem preußisch- kleindeutschen Nationalstaat in den Grenzen von 1870/71, sondern der völkischen Nation, begriffen als ethnisch oder rassisch bestimmte Abstammungs- und Schicksalsgemeinschaft. Ein solches Verständnis ließ die Juden als Fremde, als Nation in der Nation, erscheinen.[45] Der Orientalist und völkische Vordenker Paul de Lagarde (1827- 1891) formulierte dies wie folgt:

"Ganz abgesehen von dem Inhalte des Judentums ist es unerwünscht, weil es fremd ist und durchaus als etwas Undeutsches und Widerdeutsches empfunden wird (...) Jeder uns lästige Jude ist ein schwerer Vorwurf gegen die Echtheit und Wahrhaftigkeit unseres Deutschtums (...) Je schärfer wir unseren

---

[44] Vgl. Stern, The Politics of Cultural Despair, S. 278f.
[45] Vgl. Günter Hartung, Völkische Ideologie, in: Puschner u.a. (Hg.), Handbuch zur "Völkischen Bewegung", S. 22- 41; Werner Bergmann, Völkischer Antisemitismus im Kaiserreich, in: Ebd., S. 449- 463.

Charakter als Nation ausbilden, desto weniger Platz bleibt in Deutschland für die Juden."[46]

Dass die große Mehrheit der deutschen Juden assimiliert und in der Öffentlichkeit kaum als Juden zu erkennen waren, dass die meisten unter ihnen sich als gute Deutsche, Patrioten, ja Nationalisten gaben (siehe dazu z.B. die Schriften des deutsch- jüdischen Philosophen Hermann Cohen), steigerte eher Hass und Misstrauen unter den nichtjüdischen Radikal-nationalisten, als dass es beides entkräftete. Nicht nur die Juden wurden zum Gegenstand der Purifikationsphantasien völkischen und ultra-nationalistischen Denkens. Alle gesellschaftlichen Gruppen mit tatsächlichen oder vermuteten übernationalen Bindungen konnten unter den Begriff "Reichsfeinde" subsumiert werden: sozialdemo-kratische Arbeiter, ultramontane Katholiken, nationale Minderheiten in den Grenzen des Reiches (Polen, Dänen, Elsässer), diverse antipreußische Partikularisten (Welfen, bayrische Patrioten etc.) - zusammengezählt stand wohl die Mehrheit der deutschen Bürger auf der Liste potentieller innerer Feinde. Diese hochideologisierte Bedrohungs-paranoia gab es schon zur Bismarckzeit. Nicht umsonst beriefen sich die Antisemiten gerne auf Bismarcks Politik gegenüber den inneren "Reichsfeinden": Es gäbe Sondergesetze gegen Katholiken und Sozialdemokraten, warum nicht auch gegen die Juden? Aber erst seit den 1890er Jahren erreichte die nun völkisch untermauerte

---

[46] Paul de Lagarde, Deutsche Schriften, München 1924 (1.Aufl. 1886), S. 291, 370, 423f. Zu Lagarde: Stern, Politics of Cultural Despair, S. 3- 94.

Bedrohungsparanoia über das nationalistische Verbandswesen ein Massenpublikum und belastete die politische Kultur des wilhelminischen Kaiserreichs schwer.[47] Gegenüber Forderungen nach Sozialreformen zugunsten des Mittelstandes und religiösen Motiven gewann die Verbindung mit völkisch- nationalistischem Gedankengut unter den Antisemiten an Bedeutung. Dies lässt sich alleine schon an den Parteinamen ablesen. Die Pioniere der 1870/80er Jahre nannten sich Christlichsoziale, Deutschsoziale oder Deutsch- Reformer. Aus der Fusion der beiden letztgenannten Gruppen von 1914 ging die Deutschvölkische Partei hervor.

Eher mit klassischem Fremdenhass, auch aus den Reihen assimilierter Juden, sahen sich die aus Osteuropa vor Armut und Verfolgung nach Deutschland geflohenen Ostjuden konfrontiert. Für die meisten von ihnen war Deutschland nur eine Durchgangsstation nach Amerika, dennoch löste ihre Präsenz Überfremdungsängste aus und steigerte den rassistischen Charakter des Antisemitismus. Er hatte nunmehr ein Objekt gefunden, an dem man die Verknüpfung von Judentum mit Slawentum, "asiatischer Entartung" und anderen ungermanischen Rasseeigenschaften glaubte, visuell demonstrieren zu können.[48]

---

[47] Vgl. Geoff Eley, Reshaping the German Right. Radical Nationalism and Political Change after Bismarck, New Haven/ London 1980.

[48] Von drei Millionen Einwanderern bis 1914 blieben gerade einmal 51.000 im Deutschen Reich. 1910 waren ca. 13% aller Juden Ostjuden, die meisten lebten in den preußischen Ostprovinzen, Sachsen und Berlin. Vgl. Salomon Adler- Rudel, Ostjuden in Deutschland 1880-1940, Tübingen 1959; Ludger Heid, Sie fallen als Juden

Ein gängiger Topos antisemitischer Karikaturen war immer wieder die Darstellung der Juden als Feinde von Deutschtum und Nation. Neben den bereits erwähnten Zuschreibungen von ausbeuterischen Machenschaften und christlich- deutschen Werten widersprechendem Verhalten, sollte besonders die Hervorhebung negativer Rasseeigenschaften und das jüdische Engagement in "reichsfeindlichen" politischen Bewegungen (vor allem Liberalismus und Sozialdemokratie) die Juden als Nationsfeinde kennzeichnen. Die in den Karikaturen dargestellten Machenschaften der Juden in allen Bereichen des gesellschaftlichen Lebens liefen auf die Behauptung hinaus, dass ihre Loyalität nur ihrem eigenen "Volk" gelte, während sie das Wohlergehen der deutschen Nation bedenkenlos schädigten.[49] Dem Betrachter der Karikaturen sollte die "Schädlichkeit" der Juden aber nicht nur in ihrem Verhalten vor Augen geführt werden, vielmehr wurde sie ganz im Sinne der Rassentheorien den Juden quasi "auf den Leib geschrieben". Elemente des stereotypisierten jüdischen Körperbaus wie Hakennase, Plattfüße und Kleinwüchsigkeit wurden in Karikaturen eingesetzt, um die äußere wie innere Hässlichkeit und

---

auf. Die "Ostjudenfrage" als neue Variante des Antisemitismus, in: Ders./ Christina von Braun (Hg.), Der ewige Judenhass. Christlicher Antijudaismus, deutschnationale Judenfeindlichkeit, rassistischer Anti- semitismus (Studien zur Geistesgeschichte Bd.12), Stuttgart u.a. 1990, S. 131- 148; Massimo F. Zumbini, Große Migration und Antislawismus. Negative Ostjudenbilder im Kaiserreich, in: Jahrbuch für Antisemitismusforschung 3 (1994), S. 194- 236.

[49] Vgl. Fuchs, Die Juden in der Karikatur, S. 254.

Fremdartigkeit der Juden zu untermauern.[50] Die erwähnten körperlichen Merkmale der Juden fanden auch in anthropologischen Forschungen ihren Niederschlag. Sie erhoben sie allerdings nicht zu unveränderlichen Rassemerkmalen, sondern versuchten, sie als Ergebnis von Rassenmischung oder Anpassung an gesellschaftliche Umstände zu erklären. Erst kurz vor dem Ersten Weltkrieg begann der Antisemitismus auch in der wissenschaftlichen Anthropologie eine nennenswerte Rolle zu spielen.[51] In der Karikatur wurde der stereotypisierte Körperbau der Juden weitaus bedenkenloser ausgewalzt. Zum hässlichen Äußeren fügten manche Karikaturisten einen unangenehmen Geruch hinzu in Form der Attribute Knoblauch und Zwiebel. Beliebt waren außerdem Tiervergleiche, die Metaphern für "Falschheit" und "Aussaugen" ermöglichten (z.B. Spinne, Fledermaus, Schlange). Die Schwelle von der Verzeichnung zur Entmenschlichung war schnell überschritten. Die von den Juden ausgehenden Bedrohungen wurden häufig in biologische und medizinische Metaphern gekleidet: Vergiftung, Infizierung, körperlich- geistige Entartung, sexuelle Perversion, Gefährdung der "Rassenreinheit" und parasitäre Ausnutzung des "Volkskörpers", bzw. des "Wirtsvolkes".[52]

---

[50] Eine psychoanalytische Interpretation dieser Zuschreibungen bietet Sander J. Gilman, The Jew's Body, New York 1991.
[51] Vgl. Kiefer, Das Problem einer „jüdischen Rasse", S. 9- 95; 125- 165.
[52] Vgl. Alexander Bein, "Der jüdische Parasit". Bemerkungen zur Semantik der Judenfrage, in: VfZ (1965), S. 121- 149; Klaus Hödl, Die Pathologisierung des jüdischen Körpers. Antisemitismus, Geschlecht und

Vom politischen zum gesellschaftlichen
Antisemitismus

Sozioökonomische Statusängste, christlich- religiöse Vorurteile und völkisch- nationalistische Purifikationsphantasien bildeten die drei Stützpfeiler des Antisemitismus und prägten seine Gedanken-, Sprach- und Symbolwelt. Wie weit verbreitet war antisemitisches Denken wirklich und welche politischen Konsequenzen zeitigte es im Kaiserreich?

An seinen selbst gesteckten politischen Zielen gemessen war der Antisemitismus im Kaiserreich eine Misserfolgsgeschichte. Die Petitionen und Gesetzentwürfe der Antisemiten waren weder in den Parlamenten noch in der Gesellschaft mehrheitsfähig. Es gelang nicht, die Juden-emanzipation rückgängig zu machen. Die Wähler- und Anhängerschaft der Antisemitenparteien war sozial und regional eng begrenzt. Fast alle Reichstagsmandate wurden in den Hochburgen Hessen, Hessen- Nassau und Sachsen gewonnen und häufig auch dort nur mit Hilfe anderer Parteien das "nationalen Lagers" (Karl Rohe) in den Stichwahlen.[53] Die antisemitischen Parteiführer

---

Medizin im Fin de Siècle, Wien 1997; Peter Berghoff, "Der Jude" als Todesmetapher des "politischen Körpers" und der Kampf gegen die Zersetzung des nationalen "Über- Lebens", in: Alter (Hg.), Die Konstruktion der Nation, S. 159- 172.

[53] Vgl. Hansjörg Pötzsch, Antisemitismus in der Region. Antisemitische Erscheinungsformen in Sachsen, Hessen, Hessen- Nassau und Braunschweig 1870- 1914, Wiesbaden 2000, S. 149. Einen von den Antisemiten beherrschten Wahlkreis untersucht Peter Strassheim, Die Reichstagswahlen im 1. Kurhessischen Reichstagswahl-kreis Rinteln- Hofgeismar- Wolfhagen von 1866 bis 1914.

waren zerstritten, die organisatorische Basis der
Bewegung von Sektierertum und Zersplitterung
gekennzeichnet. Auch gegen Juden gerichtete
"Selbsthilfemaßnahmen" blieben in Ansätzen
stecken. Aufrufe zum Boykott jüdischer Geschäfte
fanden wenig Resonanz. Das Bemühen der Böckel-
Bewegung, über landwirtschaftliche Kooperativen
und judenfreie Viehmärkte jüdische Händler und
Kreditgeber zu verdrängen, erbrachte nicht mehr als
Propagandaeffekte. Mit der Einführung des
Raiffeisen- Systems wurde zwar nicht der ländliche
Antisemitismus, wohl aber die Böckel- Bewegung
zurückgedrängt.[54] Ist es deshalb gerechtfertigt,
davon auszugehen, dass der politische
Antisemitismus nach Höhepunkten Anfang der
1880er und 1890er Jahre im Niedergang begriffen
war?[55]

Dies war mit Sicherheit nicht der Fall. Der
Antisemitismus hatte in der reichsdeutschen
Gesellschaft fest Fuß gefasst, auch wenn er in
anderen Ländern, was Massenwirksamkeit
(postliberales Parteienspektrum in der Habsburgermonarchie), Medienpräsenz (Fall Dreyfus in

---

Eine Wahlanalyse (= Diss. FU Berlin), Frankfurt a.M.
2001.
[54] Vgl. Pötzsch, Antisemitismus, S. 146f; David Peal,
Anti- Semitism and Rural Transformation in Kurhessen.
The Rise and Fall of the Böckel- Movement, Diss.
Columbia University, New York 1985, S. 315- 486; Ders.,
Antisemitism by other Means? The Rural Cooperative
Movement in Late 19th century Germany, in: Strauss
(Hg.), Hostages of Modernization, S. 19- 28.
[55] Zur Niedergangsthese vgl. Richard S. Levy, The
Downfall of the antisemitic parties in Imperial Germany,
New Haven/ London 1974.

Vom politischen zum gesellschaftlichen Antisemitismus

Frankreich) und Gewaltbereitschaft (Pogrome in Russland) betraf, Deutschland überflügelte.[56]
Die Eigenarten des auf Reichsebene praktizierten absoluten Mehrheitswahlrechts erlauben es nur bedingt, die Zustimmung zu einer Partei an ihrem reichsweit erzielten Stimmenanteil zu messen. Nach ihrem Durchbruch in der Reichstagswahl von 1893 schwankte die Zahl der für Antisemitenparteien abgegebenen Stimmen zwischen 250.000 und 300.000, was marginale Stimmenanteile von 2,5 bis 3,5% ausmachte. Da alle 397 Reichstagsmandate ausschließlich über gewonnene Wahlkreise vergeben wurden, genügte den Antisemiten die Konzentration auf ihre Hochburgen, um regelmäßig mit 10 bis 20 Abgeordneten ins Parlament einzuziehen. Dabei konnten sie spätestens in den Stichwahlen auf die Wahlhilfe anderer Parteien des "nationalen Lagers" zählen, für die Antisemiten im Vergleich zu Sozialdemokraten häufig als das kleinere Übel erschienen. Diese Rolle als bürgerliche Funktions- partei glich organisatorische Defizite des politischen Antisemitismus aus, die durch die notorische Neigung zur Zersplitterung und den Tod einiger prominenter Führer nach der Jahrhundertwende (Stoecker 1909, Zimmermann 1910, Sonnenberg 1911, zudem zogen sich Ahlwardt und Böckel aus der Politik zurück) hervorgerufen wurden. Nach 1900 verschwanden die Antisemiten weder von der

---

[56] Zum internationalen Vergleich: Léon Polaikov, Geschichte des Antisemitismus, Bd.6 und 7, Darmstadt 1988; Herbert A. Strauss, Introduction. Possibilities and Limits of Comparison, in: Ders. (Hg.), Hostages of Modernization, S. 1- 7; Werner Bergmann, Geschichte des Antisemitismus, München 2002.

parlamentarischen noch von der außerparlamen-
tarischen Bühne.[57]
Zwar hatte der politische Antisemitismus keine
praktischen Erfolge vorzuweisen und befand sich am
Vorabend des Ersten Weltkriegs in einer Phase der
Stagnation. Sein Gedankengut sickerte jedoch über
Parteien, Vereine, Verbände, nationalistische und
wirtschaftliche "pressure groups" und das
studentische Verbindungswesen tief in die
bürgerliche Gesellschaft des wilhelminischen
Kaiserreichs ein. Weniger im Sinne eines
aktionistischen "Radauantisemitismus" oder gar
eines "eliminatorischen" Antisemitismus, sondern
als ein "kultureller Code" (Shulamit Volkov). Die
Gegnerschaft zum Judentum bildete einen
gemeinsamen Habitus basierend auf einem
Reservoir an unreflektierten Vorurteilen,
Erfahrungen und Überzeugungen, und wurde als
eine von vielen Integrationsideologien im
"nationalen Lager" wirksam, ohne auf unmittelbares
politisches Handeln in der "Judenfrage" zu zielen.
Antisemitismus wirkte wie ein Erkennungssignal für
die Zugehörigkeit zu einer nationalistischen,
antiliberalen und antimodernen Kultur.[58]

---

[57] Zur Kritik an der Niedergangsthese vgl. Stefan Scheil,
Die Entwicklung des politischen Antisemitismus in
Deutschland zwischen 1881 und 1912. Eine wahlge-
schichtliche Untersuchung (Beiträge zur politischen
Wissenschaft Bd.107), Berlin 1999.
[58] Vgl. Shulamit Volkov, Antisemitism as a Cultural Code.
Reflections on the History and Historiography of
Antisemitism in Imperial Germany, in: LBIYB 23 (1978),
S. 25- 46; Dies., Jüdisches Leben und Antisemitismus im
19. und 20. Jahrhundert, München 1990, S. 13- 36.

Vom politischen zum gesellschaftlichen Antisemitismus

Zu den wirkungsmächtigsten Organisationen, in denen ein solcher "gesellschaftlicher Antisemitismus" gepflegt wurde, gehörte das studentische Vereins- und Verbindungswesen, allen voran die Anfang der 1880er Jahre entstandenen Vereine Deutscher Studenten (VDSt), die sich 1881 zum Kyffhäuserverband (KVDSt) zusammenschlossen. Sie gingen aus studentischen Komitees hervor, die Unterschriften für die Antisemitenpetition sammelten. Bestätigt sahen sich die Studenten in ihrer Judenfeindlichkeit durch den populären Geschichtsprofessor Heinrich von Treitschke, der in den "Preußischen Jahrbüchern" Sympathien für antisemitisches Gedankengut bekundet hatte und damit auf Ablehnung unter seinen Professorenkollegen, aber auf Zustimmung unter den Studenten gestoßen war.[59] Nach dem Abflauen der "Berliner Bewegung" war der Antisemitismus des KVDSt weniger ein Programmpunkt als eine geistige Atmosphäre, ein Bestandteil des völkischen Weltbildes, in dem die Studenten einen nationalistisch gefärbten Snobismus auslebten. Die Mehrheit der Burschenschaften und Korps eiferten dem KVDSt und den schon länger judenfeindlich gesinnten österreichischen Burschen nach, schlossen Juden von der Mitgliedschaft aus und diskutierten ab und an die "Judenfrage" im antisemitischen Sinne. In keinem Teil der deutschen Gesellschaft hatte sich eine so tiefe Kluft zwischen christlich- deutschen und jüdischen Menschen

---

[59] Vgl. Karsten Krieger (Hg.), Der Berliner Antisemitismusstreit 1879- 1881. Eine Kontroverse um die Zugehörigkeit der deutschen Juden zur Nation. Kommentierte Quellenedition, München 2003.

gebildet wie in der Studentenschaft. Ganze akademische Generationen wurden in ihrer Studienzeit antisemitisch sozialisiert. Als Funktionselite in Berufen wie Lehrer, Pfarrer, Ärzte, Richter, Wissenschaftler, Politiker usw. trugen die ehemaligen Studenten ihr Gedankengut in die Gesellschaft.[60]

Nicht minder bedeutsame Multiplikatoren des Antisemitismus waren wirtschaftliche Interessenverbände. Zu Massenorganisationen wurden zwei 1893 gegründete Verbände: Der Bund der Landwirte (BdL) und der Deutschnationale Handlungsgehilfenverband (DHV), eine Art Angestelltengewerkschaft. Beide Organisationen stellten die "Judenfrage" zwar nicht in den Mittelpunkt ihrer Politik. Sie schlossen aber Juden von der Mitgliedschaft aus und nutzten Antisemitismus in Versammlungen und Presse als Agitationsmittel. Zudem bestanden organisatorisch und personell enge Verbindungen zur antisemitischen Szene. So wurde der DHV von Mitgliedern der Deutschsozialen Partei Hamburgs ins Leben gerufen und trat als korporatives Mitglied etlichen obskuren völkischen Gruppierungen bei. Auch zwischen dem Bund der Landwirte und den Antisemitenparteien gab es mehr weltanschauliche Gemeinsamkeiten als Differenzen. Einige Reichstagsabgeordnete des BdL bildeten ab

---

[60] Vgl. Konrad H. Jarausch, Students, Society and Politics in Imperial Germany. The Rise of Academic Illiberalism, Princeton 1982; Hedwig Roos- Schumacher, Der Kyffhäuserverband der Vereine deutscher Studenten 1880-1914/18. Ein Beitrag zum nationalen Vereinswesen und zum politischen Denken im Kaiserreich (Deutsche Akademische Schriften Bd.7), München 1986; Kampe, Studenten und "Judenfrage", S. 139- 151.

Vom politischen zum gesellschaftlichen Antisemitismus

1907 mit den Antisemiten eine Fraktions-gemeinschaft ("Wirtschaftliche Vereinigung").[61] Mit dem Tivoli- Programm von 1892 hatte sich die Deutschkonservative Partei (DkP) auf der Suche nach mittelständischen Wählerschichten gegenüber dem Antisemitismus geöffnet. Reichstags-abgeordnete der Stoeckerschen Richtung schlossen sich als Hospitanten der DkP Fraktion an, in der es an Gesinnungsgenossen und Wohlwollenden nicht mangelte. Ziel war, den populistischen Schwung des Antisemitismus für die Konservativen zu nutzen, um nicht noch mehr ländliche Wahlkreise wie in Hessen, Brandenburg und Pommern an Agitatoren wie Böckel und Ahlwardt zu verlieren.[62] Zurückhaltend gegenüber der "Judenfrage" verhielt sich zunächst der Alldeutsche Verband (AV), der 1891 aus der Kolonialbewegung hervorgegangen war. Der Verband hatte sogar vereinzelt jüdische Mitglieder. Erst unter der Führung von Heinrich Claß (1868- 1953), der mit unverhüllten Staatsstreichplänen in seiner Schrift "Wenn ich der Kaiser wär" (1912) für Aufsehen sorgte, trat der

---

[61] Vgl. Hans- Jürgen Puhle, Agrarische Interessenpolitik und preußischer Konservatismus im wilhelminischen Reich 1893- 1914. Ein Beitrag zur Analyse des Nationalismus in Deutschland am Beispiel des Bundes der Landwirte und der Deutsch- Konservativen Partei, Hannover 1966; Iris Hamel, Völkischer Verband und nationale Gewerkschaft. Der Deutschnationale Handlungsgehilfen- Verband 1893- 1933, Frankfurt a.M. 1967.
[62] Vgl. Hans Boom, Die Deutschkonservative Partei. Preußischer Charakter, Reichsauffassung, Nationalbegriff (Beiträge zur Geschichte des Parlaments und der politischen Parteien Bd.3), Düsseldorf 1954.

Vom politischen zum gesellschaftlichen Antisemitismus

ADV nun offiziell für den Antisemitismus ein.[63] Aber auch in unpolitischen Vereinen von Radfahrern, Turnern, Sängern etc. kamen "Arier-paragraphen" in Mode, und es machte sich antisemitisches Gedankengut breit.[64] Zu beobachten ist außerdem die Entstehung einer kommerzialisier-ten antisemitischen Subkultur: spezialisierte Verlage und Buchhandlungen, Bildpostkarten, Liedgut, "judenfreie" Hotels und Restaurants u.v.m.

Diese Entwicklung entsprach der Forderung der Publizisten Theodor Fritsch und Friedrich Lange, zwei Schlüsselfiguren der antisemitischen Szene, Judenfeindschaft sollte keine politische, sondern eine gesellschaftliche Bewegung sein.[65] Am Vorabend des Ersten Weltkriegs war ihre langfristig angelegte Strategie, gesellschaftliche Organisationen mit antisemitischem Gedankengut zu infiltrieren, gut vorangekommen. Vereine und Verbände, die Judenfeindschaft in ihre Agenda aufnahmen ohne nur antisemitisch zu sein, waren viel bessere Multiplikatoren des Antisemitismus als sektiererische Splitterparteien. Zumal, wie bereits gezeigt wurde, sich der Antisemitismus leicht mit bäuerlich- mittelständischen, religiösen und nationalistischen Anliegen amalgamieren konnte.

---

[63] Vgl. Roger Chickering, We Men who feel most German. A cultural Study of the Pan- German League 1886- 1914, Boston 1984, S. 230- 245; Rainer Hering, Konstruierte Nation. Der Alldeutsche Verband 1890 bis 1939 (Hamburger Beiträge zur Sozial- und Zeitgeschichte Bd.40), Hamburg 2003, S. 187- 220.

[64] Vgl. z.B. Hartmut Becker, Antisemitismus in der Deutschen Turnerschaft, St. Augustin 1980.

[65] Vgl. Zumbini, Die Wurzeln des Bösen, S. 321- 365, 381ff.

Vom politischen zum gesellschaftlichen Antisemitismus

Die Infiltrationsstrategie war *eine* Stärke der Antisemiten, eine andere lag in der Schwäche ihrer Gegner. Einen - wie man heute sagt - "Aufstand der Anständigen" hatte es im Frankreich der Dreyfusaffäre gegeben, im preußisch- deutschen Obrigkeitsstaat kam es nicht dazu. Staat und Justiz zeigten an einer aktiven Bekämpfung des Antisemitismus kaum Interesse, bekannten sich aber zur rechtlichen Gleichstellung der Juden. Das war durchaus nicht selbstverständlich, wenn man an die staatlich betriebene Diskriminierung von Polen, Dänen und Elsässern denkt, die faktisch zu Staatsbürgern zweiter Klasse herabgestuft wurden. Die einzige politische Kraft, die sich entschlossen dem Antisemitismus entgegenstellte war der im Niedergang begriffene Linksliberalismus. Aus seinen Reihen kamen die meisten Mitglieder des Vereins zur Abwehr des Antisemitismus. Der Abwehrverein widmete sich in erster Linie der Anprangerung und Widerlegung judenfeindlicher Agitation, entfaltete damit aber keine Breitenwirkung. Die SPD war zwar gegen den Antisemitismus, spekulierte aber aus ideologisch-taktischen Gründen darauf, von seiner anti-kapitalistischen Stoßrichtung zu profitieren. Die Juden selbst organisierten sich erst 1893 im Centralverein deutscher Staatsbürger jüdischen Glaubens, der das Projekt der jüdischen Emanzipation und Assimilation nicht nur gegen die Antisemiten, sondern auch gegen Orthodoxe und Zionisten aus den eigenen Reihen verteidigte. Erfolge erzielte der CV vor allem auf juristischem Gebiet, indem es ihm gelang, wenigstens die

extremsten antisemitischen Verleumdungen und
Beleidigungen strafrechtliche verfolgen zu lassen.[66]
Die Antisemiten ließen sich von den zaghaften
Gegenmaßnahmen nicht abschrecken. Die
strafrechtliche Verfolgung verschaffte ihnen
öffentliche Aufmerksamkeit und erlaubte es ihnen,
in eine Opferrolle zu schlüpfen. Ihr Selbstbild in der
Karikatur bevorzugte in den 1890er Jahren
folgerichtig den Mythos vom unverstandenen
"Volksaufklärer", der sich im Kampf mit einem
übermächtigen Feind aufreibe. Überall sah man
Juden und "Judenfreunde" am Werk. Es war ein
beliebter didaktischer Ansatz, die Juden als
übermächtig, die eigenen Möglichkeiten als gering
und das deutsche Volk als "schlafmützig" und
ignorant gegenüber der "Judenfrage" darzustellen.
Apokalyptische Szenarien von der "Judenherrschaft"
sollten die Massen aufrütteln und politisch
aktivieren.

---

[66] Vgl. Ismar Schorsch, Jewish Reactions to German Anti-
Semitism 1870- 1914, New York 1972, S. 79- 101, 117-
144; Arnold Paucker, Zur Problematik einer jüdischen
Abwehrstrategie in der deutschen Gesellschaft, in: Mosse
(Hg.), Juden im wilhelminischen Deutschland, S. 479-
548; Peter Pulzer, Die Reaktion auf den Antisemitismus,
in: Lowenstein u.a. (Hg.), Deutsch- jüdische Geschichte,
Bd.3, S. 249- 277.

II.

Im 19. Jahrhundert waren antijüdische Karikaturen in fast allen satirischen Zeitschriften der unterschiedlichsten politischen Richtungen zu finden. Sogar der sozialdemokratische "Wahre Jakob" konnte sich nicht verkneifen, in seinen Karikaturen das Zerrbild vom "jüdischen Kapitalisten" zu zeichnen, auch wenn die Partei den Antisemitismus als "Sozialismus der dummen Kerls" bekämpfte und vergeblich hoffte, seine anti-kapitalistische Stoßrichtung auf die eigenen Mühlen leiten zu können.[67] Antijüdische Stereotype finden sich auch in den Zeichnungen und Texten eines spießbürgerkritischen Geistes wie Wilhelm Busch:

"Und der Jud' mit krummer Ferse,/ krummer Nas' und krummer Hos'/ schlängelt sich zur hohen Börse/ tiefverderbt und seelenlos." (Die fromme Helene 1872) "Kurz die Hose, lang der Rock/ Krumm die Nase und der Stock/ Augen schwarz und Seele grau,/ Hut nach hinten, Miene schlau-/ Das ist Schmulchen Schievelbeiner./ Schöner ist doch unsereiner." (Plitsch und Plum 1882, Abb.1)[68]

Die gesellschaftliche Akzeptanz antijüdischer Stereotype ging weit über den Kreis überzeugter

---

[67] Vgl. Rosemarie Leuschen- Seppel, Sozialdemokratie und Antisemitismus im Kaiserreich. Die Auseinander-setzung der Partei mit den konservativen und völkischen Strömungen des Antisemitismus 1871- 1914, Bonn 1978, S. 259f. Karikaturen im "Wahren Jakob" S. 291- 316.
[68] Wilhelm Busch, Historisch- kritische Gesamtausgabe, Bd.2, Wiesbaden/ Berlin 1960, S. 204, Bd.3, S. 479.

Antisemiten hinaus.[69] Die Zuschreibung bestimmter grotesk überzeichneter körperlicher und sozioökonomischer Eigenschaften gehörte unabhängig vom politischen Standpunkt des Zeichners zur Darstellung von Juden in der Karikatur dazu. Während die Nase ("Judensechser") das unmissverständliche Erkennungszeichen bildete, ergänzten Sekundärattribute in vielen Zeichnungen das Judenbild und ordneten es in unterschiedliche Kontexte ein. Idealtypisch betrachtet gab es zwei Vatianten der Judendarstellung: 1. Den "Ostjuden" als hagerer, bärtiger Mann mit langem Mantel, Stock und Zwerchsack. Inspiriert wurde diese Darstellungsweise von der Ahasverus- Legende vom "Ewigen Juden". Die von der romantischen Literatur popularisierte Legende besagt, dass der Jude Ahasver stellvertretend für sein Volk von Gott dazu verdammt sei, als Unsterblicher bis zur Wiederkunft Christi ziellos die Welt zu durchwandern.[70] 2. Der reiche, assimilierte "Kapitalist" (Bankier, Börsianer etc.), der als fett, eitel und geldgierig imaginiert wurde.[71] Beide "Judentypen" sind auch in den Politischen Bilderbogen präsent. Waren die Stereotypen und auch manche Inhalte in der

---

[69] Vgl. Clemens Felden, Die Übernahme des antisemitischen Stereotyps als soziale Norm durch die bürgerliche Gesellschaft Deutschlands 1871- 1900, Heidelberg 1963.

[70] Zur Ahasverus- Legende: Vgl. Rohrbacher/ Schmidt, Judenbilder, S. 246- 252; Avram A. Baleanu, Der "ewige Jude". Kurze Geschichte der Manipulation eines Mythos, in: Schoeps/ Schlör (Hg.), Antisemitismus, S. 96- 102.

[71] Zum Judenbild in der Karikatur des 19. Jahrhunderts: Vgl. Haibl, Zerrbild als Stereotyp; Dies., "Vom Ostjuden zum Bankier".

gewöhnlichen und der antisemitischen Witzblattpresse ähnlich, gibt es doch einen entscheidenden qualitativen Unterschied: Erstens geht es bei spezifisch antisemitischen Witzblättern um die Presse, die nicht nur Judenkarikaturen brachte, sondern die sich ausschließlich dem satirischen Kampf gegen das Judentum widmete, und die alle von ihr thematisierten Zustände und Ereignisse aus dieser Perspektive betrachtete. Zweitens waren die judenfeindlichen Stereotype in der antisemitischen Satire niemals auf derselben Ebene angesiedelt wie Stereotype vom typischen Bauern, typischen Katholik, typischen Preußen etc., sondern wurden immer zum Feindbild gesteigert. Nicht die Erzeugung von Heiterkeit war das letzte Ziel dieses Satiretyps, vielmehr zielte er darauf ab, ein Gefühl der Verachtung gegenüber den als unbedingte Bedrohung dargestellten Juden zu erzeugen. Daher kam der Verzerrung der Realität eine andere Funktion zu als in Karikaturen allgemein üblich. Wirklichkeit sollte nicht zu humoristischen Zwecken verfremdet, sondern enthüllt werden.[72] Drittens verdeutlichte dieser Zeitschriftentyp seinen Lesern, dass er sich selbst als Teil der antisemitischen Bewegung und ihres politischen Kampfes betrachtete. In den Politischen Bilderbogen treten z.B. antisemitische Agitatoren in den Zeichnungen auf, und ein Begleittext liefert nicht nur die Beschreibung und Deutung des Dargestellten, sondern bietet darüber hinausgehende Betrachtungen zur "Judenfrage". In diese Richtung

---

[72] Vgl. Peter Dittmar, Die antijüdische Darstellung, in: Julius H. Schoeps/ Joachim Schlör (Hg.), Antisemitismus. Vorurteile und Mythen, München 1995, S. 49.

zielende Schlüsselwörter erscheinen im Text fett gedruckt. Ein "Führer durch die antisemitische Litteratur" von 1893 sprach die Empfehlung aus: "Wer keine Judenpassage an seinem Haus liebt, hänge einen solchen Bilderbogen aus."[73] Die Bilderbogen müssen als Teil der antisemitischen "Bekenntnisindustrie" begriffen werden.

Eine größere Rolle spielten Witzblätter im Rahmen antisemitischer Bewegungen eher in anderen europäischen Ländern wie in Österreich und Frankreich. Einen über die nationalen Grenzen hinaus reichenden Bekanntheitsgrad erreichten der unter christlich- sozialem (Karl Lueger) Einfluss stehende Wiener "Kikeriki" und Edouard Drumonts 1893 vor dem Hintergrund der Dreyfusaffäre gegründete illustrierte Zeitschrift "La Libre Parole". Beide Blätter vertraten einen christlich-konservativen Antisemitismus, der ganz im Sinne auch der deutschen Antisemiten die Juden als Repräsentanten moderner "Zersetzungsideologien" (Liberalismus, Kapitalismus, Sozialismus etc.) verunglimpfte.

Versuche im Deutschen Reich vor 1918 eine dauerhafte antisemitische Satirezeitschrift zu etablieren scheiterten, wohl nicht zuletzt, weil es ihnen verglichen mit den österreichischen und französischen Blättern gleichen Typs an Qualität und einer ausreichend großen Leserschaft fehlte. Erst recht mit dem Niveau der großen nicht

---

[73] P. Westphal, Illustrierter Führer durch die antisemitische Litteratur unter Berücksichtigung beachtenswerter anderer Erscheinungen mit einem ausführlichen Verzeichnis der antisemitischen Vereine und einer Tafel empfehlenswerter Lokale, Nossen 1893, S. 12.

durchgängig antisemitischen Satirezeitschriften (Kladderadatsch, Simplizissimus) konnten sie nicht mithalten. Trotz ihrer relativen "Erfolglosigkeit" sind antisemitische Witzblätter eine wichtige, aber bislang wenig genutzte, Quelle, mit deren Hilfe man Einsichten in die antisemitische Gedankenwelt des Kaiserreichs gewinnen kann.

Die erste große Antisemitismuswelle nach der reichsweiten Judenemanzipation im Zuge der Reichsgründung fiel in die Zeit der Gründerkrise und der auf sie folgenden "Großen Depression". Das Leipziger Witzblatt "Puck" (1876ff.) griff die wirtschaftliche Verunsicherung auf und widmete sich in seinen Karikaturen vorzugsweise dem "jüdischen Gründerschwindel". Im Berliner Verlag Schulze erschien die sich selbst als "einziges nationales und antisemitisches Witzblatt" anpreisende "Wahrheit", der ebenso wie dem "Puck" nur eine begrenzte Lebensdauer (1880- 1886) beschieden war.[74] In den 1890er Jahren machte man sich verstärkt Gedanken darüber, wie judenfeindlicher "Humor" effektiver als Propagandainstrument eingesetzt werden konnte. Die antisemitische "Bekenntnisindustrie" entdeckte das Medium der Bildpostkarte. Antisemitische Bildpostkarten wurden in ganzen Serien produziert, z.B. über die aus einem populären Schlager entnommene Figur des "kleinen Cohn". Solche Karten wurden eher selten verschickt, sondern dienten als Sammelobjekte.[75]

---

[74] Vgl. Ursula E. Koch, Der Teufel in Berlin. Illustrierte politische Witzblätter einer Metropole 1848- 1890, Köln 1991, S. 247- 252.

[75] Vgl. Otto May, Deutsch sein heißt treu sein. Ansichtskarten als Spiegel von Mentalität und

Ein anderes volkstümliches Medium nutzten die "Politischen Bilderbogen", die zwischen 1892 und 1901 in loser Folge zu je 30 Pfennig das Stück erschienen. Jede der 33 Nummern wurde als großformatiges Faltblatt (40 x 60 cm) gedruckt, das aufgeklappt eine antisemitische Karikatur oder eine Bildergeschichte in der Größe eines Posters freigab. Das Hauptbild war mit einem motivisch auf die jeweiligen Inhalte abgestimmten Rahmen umgeben. Auf der Rückseite befand sich ein erläuternder Text von einem anonymen Autor. Dieser konnte von Zeitgenossen, die sich im völkisch- antisemitischen Schrifttum ein wenig auskannten, leicht als der Dresdener Journalist und Schriftsteller Max Bewer identifiziert werden.[76]

Man griff auf ein veraltetes, für die speziellen Zwecke aber sinnvolles Printmedium zurück. Ursprünglich waren Bilderbogen Drucke mit sakralen (z.B. Heiligenbilder), später auch profanen (z.B. Moritaten, Militaria), Motiven, die als Vorform der illustrierten Zeitschrift angesehen werden können. Über Zeichnungen und Lithographie

---

Untertanenerziehung in der wilhelminischen Ära 1888-1918 (Untersuchungen zu Kultur und Bildung Bd.1), Hildesheim 1998, S. 523- 527; Helmut Gold (Hg.), Abgestempelt. Judenfeindliche Postkarten auf der Grundlage der Sammlung von Wolfgang Haney, Heidelberg 1999.

[76] Leider nur sehr vage Angaben zu den "Bilderbogen": Fuchs, Die Juden in der Karikatur, S. 240. Ausführlicher: Barbara Suchy, Antisemitismus in den Jahren vor dem Ersten Weltkrieg, in: Jutta Bohnke- Kollwitz u.a. (Hg.), Köln und das rheinische Judentum. Festschrift der Germania Judaica 1959-1984, Köln 1984, S. 252- 285; Haibl, Zerrbild als Stereotyp, S. 217- 236.

machten sie Bildberichterstattung zu erschwinglichen Preisen für ein breites Publikum zugänglich. Obwohl es in der zweiten Hälfte des 19. Jahrhunderts in München und Neuruppin weiterhin zwei große Verlage gab, die Bilderbogen in hohen Auflagen herstellten, verlor das Medium immer mehr die Funktion der Berichterstattung und fand in Produktionen für Kinder, Werbung, Satire und politischer Propaganda neue Betätigungsfelder.[77]

Publiziert wurden die Politischen Bilderbogen in Dresden beim Verlag der Druckerei Glöß. Zunächst kursierten sie in der antisemitischen Szene Dresdens und Sachsens, später wurden sie über antisemitische Buchhandlungen (z.B. Westphal in Nossen, Dewald in Berlin, Hensel in Köln) deutschlandweit vertrieben. Für den Entstehungs- und Verbreitungszusammenhang ist die Tatsache entscheidend, dass das Königreich Sachsen eine Hochburg des parteipolitischen Antisemitismus war und eine große Anziehungskraft auf alle ausübte, die entsprechendes Gedankengut hegten. Während der Antisemitismus andernorts nur in ländlichen Milieus Erfolge erzielte, bildeten in Sachsen gerade die Städte Leipzig, Chemnitz und Dresden seine Zentren. Theodor Fritsch und Oswald Zimmermann war es gelungen, breite Mittelschichten von den schwächelnden bürgerlichen Parteien loszueisen und an die Antisemiten zu binden. Die Tatsache, dass die Juden in Sachsen 1910 grade einmal 0,37% der Gesamtbevölkerung ausmachten, schadete der

---

[77] Vgl. Elke Hilscher, Die Bilderbogen im 19. Jahrhundert (Studien zur Publizistik Bd.22), München 1977.

Glaubwürdigkeit der antisemitischen Agitation offenbar nicht.[78]
In Dresdner Archiven ist nicht viel über Ferdinand Woldemar Glöß und seinen Verlag überliefert. Bekannt ist lediglich, dass Glöß den Dresdner Reformvereinen um Oswald Zimmermann nahe stand. Für sie wurde er in die Stadtverordnetenversammlung gewählt und kandidierte erfolglos für den Landtag. Der Verlag Glöß avancierte in den 1890er Jahren neben dem Schmeitzner- Verlag (Chemnitz) und Theodor Fritschs Hammer- Verlag (Leipzig) zu einem der wichtigsten Publikationsorte für völkisch-antisemitisches Schrifttum im sächsischen "Antisemitenbiotop". Zum Programm gehörten diverse Flugblätter, Nachdrucke judenfeindlicher Hetzschriften von katholischer Seite z.B. von Johannes Dominicus und Josef Deckert, aber vor allen die Schriften von drei "Größen" der Szene. Mit Hermann Ahlwardt, Julius Langbehn und Max Bewer publizierten drei Autoren bei Glöß, die in völkisch- antisemitischen Kreisen einen gewissen Kultstatus genossen. Es ist wahrscheinlich, dass die drei Judenhasser über ihren Verleger miteinander in Kontakt kamen und sich gegenseitig beeinflussten.[79]

[78] Vgl. Gerald Kolditz, Zur Entwicklung des Antisemitismus in Dresden während des Kaiserreichs, in: Dresdner Hefte 45 (1996), S. 37- 45; Pötzsch, Antisemitismus in der Region, S. 73- 161; Matthias Piefel, Antisemitismus und völkische Bewegung im Königreich Sachsen 1879- 1914, Göttingen 2004, S. 17f, 86- 90.
[79] Vgl. Justus H. Ulbricht, Das völkische Verlagswesen im Kaiserreich, in: Puschner u.a. (Hg.), Handbuch zur "Völkischen Bewegung", S. 277- 301; Mitteilungen 5 (1895), S. 325f, 339; 9 (1899), S. 381; 13 (1903), S. 141.

Der Volksschulrektor Hermann Ahlwardt (1846-1914) widmete sich nach seiner Entlassung wegen Veruntreuung von Schulgeldern voll und ganz der judenfeindlichen Agitation. Als selbsternannter "Rektor aller Deutschen" wurde er neben dem hessischen "Bauernkönig" Otto Böckel einer der populärsten "Radauantisemiten" im Kaiserreich. Wegen seinen Verbalexzessen und seinem paranoiden Verfolgungswahn wurde er selbst von anderen antisemitischen Politikern gemieden. 1894 wurde Ahlwardt zusammen mit Böckel aus der Deutschsozialen Reformpartei, die in demselben Jahr als Sammelbecken mehrerer antisemitischer Parteien und Politiker gegründet worden war, ausgeschlossen. Die unbewiesenen Behauptungen in Ahlwardts antisemitischen Reden und Schriften führten zu zahlreichen Prozessen. Wegen diverser Beleidigungen in seinem Buch "Der Verzweiflungskampf der arischen Völker gegen das Judentum"[80], u.a. gegen die bekannte Bankiersfamilie Bleichröder, wurde er zu vier Monaten Haft verurteilt. Nur die parlamentarische Immunität durch einen Mandatsgewinn in einem ländlichen Brandenburger Wahlkreis bewahrte ihn vor weiteren Gefängnisstrafen. Besonderes öffentliches Aufsehen erregte Ahlwardt mit seiner "Judenflinten"-Agitation. Ihr lag der haltlose Vorwurf gegen den jüdischen Waffenfabrikanten Isidor Loewe

---

1903 verkaufte Glöß seinen Verlag und machte als Bankdirektor Karriere - welche Ironie, wenn man an die auch durch ihn popularisierten Phrasen vom jüdischen "raffenden Kapital" denkt.

[80] Hermann Ahlwardt, Der Verzweiflungskampf der arischen Völker gegen das Judentum, 2 Teile, Berlin 1890-91.

zugrunde, er liefere mit Absicht fehlerhafte Gewehre an das Heer, um im Sinne einer jüdisch-französischen Verschwörung Deutschland militärisch wehrlos zu machen. Gedruckt und vertrieben wurden die "Judenflinten"- Pamphlete von Glöß.[81] Auch die Politischen Bilderbogen griffen die Affäre auf und feierten "Ahlwardts Heldenthaten" (Nr.7). Seine wilden Verschwörungstheorien und maßlosen Hetzreden verschafften Ahlwardt zeitweilig tatsächlich den Ruf eines Volkshelden, eines einsamen Kämpfers gegen einen übermächtigen Feind. Reichsweit wurden Spenden gesammelt, um die Kaution für seine Freilassung zu stellen. Lieder, Bilder, Büsten, Münzen und Zigarren verherrlichten und vermarkteten den "Rektor", brachten ihm aber auch den Vorwurf ein, "Geschäftsantisemitismus" zu betreiben.[82] Ahlwardts "Ruhm" verblasste nach wenigen Jahren wieder. 1898 wurde er noch einmal in den Reichstag gewählt, 1903 überließ er seinen Wahlkreis dem antisemitischen Journalisten Wilhelm Bruhn und fiel selbst im Wahlkreis Neustettin durch. Danach zog sich Ahlwardt aus der Politik zurück.

---

[81] Hermann Ahlwardt, Neue Enthüllungen. Judenflinten, Dresden 1892.

[82] Zu Hermann Ahlwardt: NDB 1 (1953), S. 112; Uwe Mai, "Wie es der Jude treibt". Das Feindbild der antisemitischen Bewegung am Beispiel der Agitation Hermann Ahlwardts, in: Ders./ Christoph Jahr/ Kathrin Roller (Hg.), Feindbilder in der deutschen Geschichte. Studien zur Vorurteilsgeschichte im 19. und 20. Jahrhundert, Berlin 1994, S. 55- 80.

Julius Langbehn

Der Kulturphilosoph Julius Langbehn (1851-1907)[83] erzielte mit seinem Buch "Rembrandt als Erzieher" (1890) einen sensationellen Erfolg. Das eher wortgewaltige als logisch überzeugende Werk erschien zunächst anonym und wurde dem Philosophen und Inspirator Langbehns Paul de Lagarde zugeschrieben. Mit seinem romantischen Konservatismus und seiner radikalen Ablehnung der modernen Gesellschaft traf Langbehn zielsicher den antiliberalen Zeitgeist von Teilen des Bürgertums. Rationalität, Wissenschaftlichkeit, Materialismus, Liberalismus, Kosmopolitismus und geistig kulturellen Uniformismus begriff er als Degenerationserscheinungen, für die er Aufklärung und Urbanisierung verantwortlich machte. Als mystisch- romantischen Gegenpol zur verhassten Moderne setzte Langbehn den Typus des "Niederdeutschen", verkörpert durch den Maler Rembrandt. Aus seinem Geist solle eine nationale Wiedergeburt durch Kunst entspringen, initiiert von "Geistesheroen", die Individualismus, Gemütstiefe, Schlichtheit, Ganzheitlichkeit, Verwurzelung im Volkstum zu neuer Geltung bringen. Die konfuse Gedankenwelt des "Rembrandtdeutschen" wurde in zahlreichen pädagogischen, politischen, künstlerischen u.a. Diskursen seiner Zeit aufge-

---

[83] Zu Julius Langbehn: NDB 13 (1982), S. 544- 546; Stern, Politics of Cultural Despair, S. 97- 180; Bernd Behrendt, Zwischen Paradox und Paralogismus. Weltanschauliche Grundzüge einer Kulturkritik in den 90er Jahren des 19. Jahrhunderts am Beispiel August Julius Langbehns, Frankfurt a.M. 1984; Ders., August Julius Langbehn, der "Rembrandtdeutsche", in: Puschner u.a. (Hg.), Handbuch zur "Völkischen Bewegung", S. 94-113.

griffen. Vor allem in der Heimatkunstbewegung, im Kulturkatholizismus, in Teilen der Reformpädagogik und in der Jugendbewegung fand Langbehns wirre und irrationale Kulturkritik eine Anhängerschaft. 39 Auflagen innerhalb von zwei Jahren und 250.000 verkaufte Exemplare bis 1945 sprechen eine deutliche Sprache. Ein großer Teil des Erfolges dürfte darauf zurückzuführen sein, dass es dem "Rembrandtdeutschen" gelang, seine Person mit einer mystischen Aura zu umgeben und die Flucht vor Rationalität und Moderne tatsächlich vorzuleben.[84]

Langbehn stand nicht in dem Ruf, ein demagogischer Antisemit zu sein. Es fällt allerdings auf, dass sich die judenfeindlichen Passagen in den von Glöß herausgebrachten späteren Auflagen des "Rembrandt" gegenüber der Erstauflage vermehrt hatten.[85] Anders als viele radikale Nationalisten, die, wie Heinrich von Treitschke, eine bedingungslose Assimilation der Juden forderten, zielte Langbehns Hass gerade auf die assimilierten Juden. Während er dem orthodoxen Judentum sogar geistesheroische

---

[84] Zu dieser Selbststilisierung gehörte u.a. sein Einsiedlerdasein, der Versuch, den geisteskranken Nietzsche zu heilen, die Konversion zum Katholizismus 1900, seine Grabstätte unter einer uralten Linde bei Fürstenfeldbruck.

[85] Das ergibt ein Vergleich der Erstauflage von 1890 mit den noch im selben Jahr bei Glöß erschienen weiteren Auflagen, sowie dem wenig beachteten Zweitwerk "Der Rembrandtdeutsche. Von einem Wahrheitsfreund" (1892), das ein ganzes Kapitel zur "Judenfrage" enthält. Erschien ebenfalls bei Glöß. Vgl. Zumbini, Die Wurzeln des Bösen, S. 363f.

Qualitäten zugestand, sah er das moderne Judentum als seinem ursprünglichen Wesen entfremdet.

"Rembrandts Juden [d.h. die von ihm gemalten TG] waren echte Juden, die nichts anderes sein wollten als Juden und die also Charakter hatten. Von fast allen heutigen Juden gilt das Gegenteil; sie wollen Deutsche, Engländer oder Franzosen usw. sein und werden dadurch nur charakterlos (...) Es ist ein weiter Weg von Abraham, Hiob, Jesaja, den Psalmisten bis zu den heutigen Talmudisten, Börsenjobbern, Reportern."[86]

Für alle vom Kleinbürgertum als bedrohlich eingestufte Erscheinungen der Moderne (Liberalismus, Kapitalismus, Sozialismus, Verstädterung) machte Langbehn die Juden verantwortlich. Daher bildeten sie ein Haupthindernis auf dem Weg zur ersehnten völkischen Wiedergeburt und seien "Gift für uns und müssen als solches behandelt werden."[87]
Dass Langbehn die assimilierten Juden scharf attackierte, während er das alttestamentarische Judentum lobte und die orthodoxen Juden als "edle Fremde" pries, war vor allem in den christlich-konservativen Teilen der antisemitischen Bewegung durchaus nicht ungewöhnlich. Erstens spielte hier die theologische Unterscheidung zwischen dem "wahren Israel" des Alten Testaments und dem verworfenen Judentum post Christi adventum noch eine gewisse Rolle. Zweitens konnte man dem

---

[86] Julius Langbehn, Rembrandt als Erzieher. Von einem Deutschen (1890), Weimar 1922, S. 36.
[87] Ebd., S. 242.

orthodoxen Judentum kaum vorwerfen, die Speerspitze der verhassten Moderne zu bilden.[88] Die Mehrheit der Antisemiten erkannte allerdings gleichermaßen in Reformjuden und orthodoxen Ostjuden ihr Feindbild. Bezeichnenderweise zielte der erste von antisemitischen Abgeordneten in den Reichstag eingebrachte Gesetzentwurf auf ein Verbot der Einwanderung von nicht assimilierten Ostjuden aus Galizien und Russland ab, die angeblich Deutschland überschwemmen würden. Die Ostjudenfrage ist auch ein wichtiges Thema in den Politischen Bilderbogen; Langbehns Differenzierung spielte hier keine Rolle. Übereinstimmungen mit seinem Gedankengut sind dafür in anderen Bereichen zu finden. Beispielsweise in der Kritik am Großstadtleben (Berlin als "judenverseuchter Moloch"), am Verlust traditioneller moralisch- sittlicher Bindungen, am Aufstreben des assimilierten Judentums als Repräsentant der Moderne schlechthin.

Langbehns kulturkritische Populärphilosophie zeigt, dass Antisemitismus keineswegs das Privileg einiger radikaler Pamphletisten war, sondern als integraler Bestandteil der völkischen Gedankenwelt im wilhelminischen Kaiserreich gelten muss und damit auch für das gebildete Bürgertum hoffähig war. Wer, wie Langbehn, nach einem Ausdrucksmittel für seine Skepsis gegenüber der Moderne suchte, kaufte häufig den Antisemitismus automatisch mit ein.[89]

---

[88] Vgl. Heinrichs, Das Judenbild im Protestantismus, S. 689.

[89] Vgl. Günter Hartung, Völkische Ideologie, in: Puschner u.a., Handbuch zur "Völkischen Bewegung", S. 22- 41.

Zu den zahlreichen Bewunderern und Nacheiferern Langbehns zählte der Journalist und Schriftsteller Max Bewer (1861- 1921). Der Spross einer angesehenen rheinischen Künstlerfamilie ließ sich nach Korrespondententätigkeiten für mehrere Zeitungen als freier Schriftsteller in Laubegast bei Dresden nieder. Seine zahlreichen Gedichte und Schriften waren Variationen von drei immer gleichen Themen: Die Verehrung der deutschen Klassiker, die Glorifizierung des "Reichsgründers" Bismarck und ein fanatischer Judenhass. Bewer erfreute sich im Kaiserreich einer breiten, wohlmeinenden Leserschaft, bis hin zum sächsischen Königshaus, das am radikalen Antisemitismus des Schriftstellers keinen Anstoß nahm. Für seine Gedichte erhielt Max Bewer mehrere Auszeichnungen.[90] 1906 soll er für den Literatur- Nobelpreis vorgeschlagen worden sein. Die liberale Presse verriss hingegen die Schriften des völkischen Autors, der ein Meister der "unfreiwilligen Komik" sei und "mit der Miene des Philosophen den haarsträubendsten Blödsinn" verzapfe.[91] Öffentliches Aufsehen erregten Anfang

---

[90] Max Bewer erhielt 1889 sogar den Goethe- Preis der Frankfurter Zeitung. Ironischerweise wurde die Frankfurter Zeitung von dem jüdischen Demokraten Leopold Sonnemann herausgegeben und war für die Antisemiten das liberale "Judenblatt" schlechthin. Bewer, der seine Werke über einen Strohmann eingereicht hatte, nutzte die Gelegenheit zur Demütigung der Frankfurter Zeitung, indem er einen Teil des Preisgeldes in die kostenlose Versendung der Politischen Bilderbogen investierte. Vgl. Max Bewer, Ein Goethepreis, Dresden 1890.

[91] Mitteilungen 3 (1893), S. 267; 9 (1899), S. 46.

der 1890er Jahre Bewers Bismarck- Schriften, die
mit populistischer Schärfe Kaiser Wilhelm II., die
Politik des "Neuen Kurses" unter Bismarcks
Nachfolger Caprivi, sowie die inneren "Reichsfeinde" attackierten. Der Tenor lautete stets ähnlich:
Noch nie sei die deutsche Politik nach innen und
außen so schwächlich und unsicher gewesen.
Bismarcks Sturz sei das Ergebnis eines jüdisch-
jesuitischen Komplotts, Caprivis Politik sei
"judenliberal" und spiele den inneren und äußeren
"Reichsfeinden" in die Hände, während der Kaiser in
byzantinischer Eitelkeit und Unfähigkeit gefangen
und dem Volk entfremdet sei. Demgegenüber feierte
Bewer Bismarck als "Volkstribun" und Galionsfigur
der "nationalen Opposition" gegen Hof, Regierung
und innere "Reichsfeinde", die allesamt unter
jüdischem Einfluss stünden. Nachdem andere
Verlage die Bismarck- Schriften abgelehnt hatten,
erschienen sie ab 1890 bei Glöß, einige auch in dem
vom Autor selbst gegründeten Goethe- Verlag.[92]
Ungewöhnlich an Bewers Auslassungen war
lediglich die rhetorische Schärfe, die politische
Diagnose selbst, inklusive ihrer antisemitischen
Wendungen, wurde im erstarkenden nationalistischen Vereins- und Verbandswesen durchaus
geteilt. Ebenso traf der Autor mit der
Inanspruchnahme Bismarcks für eine Politik der
"nationale Opposition" bei den Parteien, Verbänden

---

[92] Von Max Bewer bei Glöß erschienen: Gedanken über
Bismarck. Politische Aphorismen 1890; Bei Bismarck
1891; Bismarck im Reichstage 1891; Bismarck und
Rotschild 1891; Rembrandt und Bismarck 1891;
Grabschriften auf Bismarck 1892; Bismarck und der Hof
1892; Bismarck wird alt 1892; Bismarck und der Kaiser
1895; Der Papst in Friedrichsruh 1897; Bismarck 1905.

und Vereinen des "nationalen Lagers" (auch bei den nicht antisemitischen) auf offene Türen und offene Ohren. Bewer war einer der begehrtesten Festredner auf Bismarck- Feiern und Einweihungen von Bismarck- Denkmälern. 1891 gab Bismarck seinem fanatischen Bewunderer eine Audienz. Danach wahrte man in Friedrichsruh allerdings Distanz zu dem "ordinären Charakter" und "taktlosen, wenn auch wohlmeinenden Kleinstädter" (Herbert von Bismarck).[93]

Bismarck- Verehrung und Antisemitismus betrieb Max Bewer nicht nur gleichermaßen fanatisch, er verknüpfte auch das eine mit dem anderen. Bewer hatte weder Zweifel, noch Skrupel, Bismarck als Kronzeugen für seine antisemitischen Ausfälle in Anspruch zu nehmen. Zwar war Bismarck von den üblichen Vorurteilen des ostelbischen Junkertums gegenüber den Juden nicht frei, Sympathien für die antisemitische Bewegung brachte er aber allenfalls aus taktischen Gründen auf, nicht aus Überzeugung oder ideologischen Erwägungen. Der von Ahlwardt verleumdete Bankier Bleichröder gehörte zu den engsten Vertrauten des Kanzlers.[94] Zudem stand der Bismarck- Kult der Antisemiten im Gegensatz zum frühen Antisemitismus der 1870er Jahre. Vor Bismarcks Bruch mit den Nationalliberalen 1878/79 war der Kanzler häufig zur Zielscheibe anti-

---

[93] Vgl. Manfred Hank, Kanzler ohne Amt. Fürst Bismarck nach seiner Entlassung 1890- 1898, München 1977, S. 93-95.

[94] Dem Prinzip "Vorurteile ja, Antisemitismus nein" blieb Bismarck auch nach seiner Entlassung treu. Vgl. Hamburger Nachrichten 23.7.1892. Zu Bleichröder vgl. Fritz Stern, Gold und Eisen. Bismarck und sein Bankier Bleichröder, Hamburg 1988.

semitischer Angriffe geworden wie in Otto Glagaus Artikeln zum "Börsen- und Gründerschwindel" in der "Gartenlaube" (1874) oder in den "Ära-Artikeln" Franz Perrots in der Kreuzzeitung (1875). "Der Kanzler gehört den Juden und den Gründern" hatte der Nationalökonom Rudolf Meyer 1877 behauptet.[95] Das war in der Caprivi- Zeit längst vergessen. Nach Bismarcks Rücktritt gingen die Antisemiten dazu über, als Teil der "nationalen Opposition" und des Kampfes der "neuen Rechten" gegen den "Neuen Kurs", den Exkanzler in ihrem Sinne zu instrumentalisieren.

Der zweite Kronzeuge, mit dem Max Bewer gegen die Juden zu Felde zog war kein geringerer als Jesus Christus. Die dahinter stehende Ideologie zielte auf die Synthese von Deutschtum und Christentum als Überwindung der konfessionellen Spaltung auf der Basis des "Juden" als gemeinsamer Feind aller Deutschen und aller Christen. In seiner Schrift "Der deutsche Christus" (1907) versuchte Bewer, den ernst gemeinten ethnologischen Nachweis zu führen, dass Jesus Arier gewesen sei.[96] Vorbild für diese völkisch- religiösen Phantasien dürften wohl die Schriften Paul de Lagardes gewesen sein. Bemerkenswert ist in diesem Zusammenhang, dass Bewer einer der ganz wenigen Katholiken war, die

---

[95] Vgl. Zumbini, Die Wurzeln des Bösen, S. 140- 150; Rudolf Meyer zit. nach Pulzer, Die Wiederkehr des alten Hasses, S. 198.

[96] Vgl. Rainer Lächle, Germanisierung des Christentums – Heroisierung Christi. Arthur Bonus, Max Bewer, Julius Bode, in: Stefanie von Schnurbein/ Justus H. Ulbricht (Hg.), Völkische Religion und Krisen der Moderne. Entwürfe "arteigener" Glaubenssysteme seit der Jahrhundertwende, Würzburg 2001, S. 165- 183.

in der völkisch- antisemitischen Szene agierten. Zwar blitzten in Bewers Judenfeindschaft gelegentlich katholische Elemente auf (Appelle an Kirche und Zentrumspartei, Antitalmudismus, Ritualmordlegende usw.). Seine Persönlichkeit und sein Rasse und Religion vermischender Antisemitismus waren aber mit dem katholischen Milieu inkompatibel. Nicht umsonst trieb Bewer im erzprotestantischen Sachsen sein Unwesen.

Neben seinen eigenständigen Werken, veröffentlichte Max Bewer zahlreiche Beiträge in der "Antisemitischen Correspondenz" (später "Deutschsoziale Blätter") und in Theodor Fritschs "Hammer". Damit zählte er ohne Zweifel zu den produktivsten Autoren der völkisch- antisemitischen Szene. Allerdings ist der tatsächliche Einfluss seines Gedankenguts auf entsprechende Kreise noch nicht erforscht.[97] Für seine Vielschreiberei erntete Bewer in der völkischen Bewegung nicht nur Applaus. Man denunzierte ihn als Halbjuden und spottete über seinen anbiedernden Stil.[98] Im Krieg verfasste Bewer unzählige patriotische Gedichte und verherrlichte den einige Jahre zuvor noch scharf kritisierten Kaiser Wilhelm II. in geradezu groteskem Widerspruch zur wahren Stimmung an der Front und in der Heimat. Bei den Völkischen der Weimarer Republik fasste Max Bewer nicht mehr Fuß. Er starb 1921. Im Hain des Krematoriums

---

[97] Vgl. Piefel, Antisemitismus und völkische Bewegung, S. 90. Die Forschungen zur völkischen Bewegung haben Bewer bislang fälschlicherweise nur als Randfigur wahrgenommen.

[98] So z.B. im antisemitischen Lexikon Sigilla Veri (Stauff's Semi- Kürschner), Bd.1, Erfurt (2.Aufl.) 1929, S. 588- 592.

Tolkewitz bei Dresden wurde ihm 1923 ein Denkmal gesetzt.

Autor und Zeichner der Politischen Bilderbogen blieben anonym, wohl weil sie zu Recht Beleidigungs- und Verleumdungsklagen fürchteten. Es kann allerdings als gesichert gelten, dass die Texte von Max Bewer stammen. In Stil und Inhalt weisen sie große Parallelen zu seinen übrigen Schriften auf; in Bilderbogen und Bismarck-Schriften sind etliche wechselseitige Zitate und Verweise zu finden.[99] Auch die 1930 erschienene Bewersche Familienchronik nennt Max Bewer als Autor der Bilderbogenserie.[100] Über den Zeichner, der mit S. Horn signierte, lässt sich nur wenig sagen. Offenbar handelte es sich um jemanden, der regelmäßig für antisemitische Publikationen arbeitete. So war er auch als Illustrator des "Liedes vom Levi" (1895) des Kölner Antisemiten Eduard Schwechten hervorgetreten.[101]

---

[99] Vgl. z.B. Bewer, Bismarck und der Kaiser, Dresden 1895, S. 92, 119 und Politische Bilderbogen Nr.21, 1897 und Nr. 24, 1897; Bewer, Gedanken, Dresden 1892 und Politische Bilderbogen Nr.13, 1894.

[100] Wenn auch nur verschämt in einer Fußnote! Vgl. Rudolf Bewer, Familie Bewer vom Niederrhein (Beiträge zur Familiengeschichte 10, Zentralstelle für deutsche Personen- und Familiengeschichte), Leipzig 1930, S. 128-159, 131.

[101] Das "Lied vom Levi" war ein in hoher Auflage hergestelltes musikalisch- dichterisches Machwerk auf ähnlichem Niveau wie die Bilderbogen. Vgl. Suchy, Antisemitismus, S. 258.

III.

Die Auswertung der Politischen Bilderbogen ist folgendermaßen systematisiert: 1. Hintergrundinformationen über den politischen Kontext und den Diskurszusammenhang, in dem der Bilderbogen Stellung bezog, 2. Analyse des Bildes, bzw. der Bilder, d.h. der dargestellten Motive, Symbole, Bezüge, 3. Analyse der Erläuterungen oder weitergehenden Statements des Begleittextes, 4. Einordnung in die antisemitische Gedanken- und Symbolwelt des Kaiserreichs (z.T. integriert in 2. und 3.) und Konfrontation der Mythen und Feindbilder mit der historischen Realität.
Dabei sollen folgende Fragestellungen im Mittelpunkt stehen:

- Welche judenfeindlichen Stereotype und Feindbilder werden aufgegriffen, abgewandelt, oder selbst konstruiert? Wie lauten die den Juden gemachten Vorwürfe und wer oder was bildet einen positiven Gegenpol zur Bedrohung durch die Juden? Wie werden die Stereotypisierungen und Feindbildkonstruktionen in Zeichnungen und Texten umgesetzt?

- Auf welche aktuellen politischen Themen nehmen die Bilderbogen Bezug und welchen antisemitischen Ausdeutungen werden diese Themen unterworfen?

- Welche Lösungen der "Judenfrage" werden imaginiert?

- Wie verteilen sich die Motive auf die drei ideologischen Säulen des Antisemitismus

(sozioökonomische, religiöse, nationalis-
tisch- rassistische Judenfeindschaft)?

- In welcher Beziehung stehen die Aussagen
  von Bildern und Texten zur Gedankenwelt
  Max Bewers, seines Umfelds, sowie zur
  völkisch- antisemitischen Szene im
  Allgemeinen?

Politischer Hintergrund des ersten Bilderbogens,
betitelt mit "Bismarck kommt!", ist die Kritik
agrarischer Interessengruppen an der
Wirtschaftspolitik der Regierung Caprivi. Diese
hatte Handelsverträge mit Österreich, Italien,
Belgien und der Schweiz geschlossen. Damit ging
die Senkung heimischer Schutzzölle einher, um
geringere Einfuhrzölle für deutsche Industrie-
produkte bei den Partnerstaaten zu erwirken. Als die
Handelsverträge Ende des Jahres 1891 im Reichstag
zur Abstimmung anstanden, stieß die Auflockerung
der protektionistischen Wirtschaftspolitik nur auf die
Gegenwehr der Deutschkonservativen. Die einst
staatserhaltende Partei sah sich in die Opposition
gedrängt, während sogar die inneren "Reichsfeinde"
(SPD, Zentrum, Linksliberale) die Regierungspolitik
unterstützten. Bismarck stellte sich in der ihm nahe
stehenden Presse, vor allem in den Hamburger
Nachrichten, gegen die Regierung: Caprivi, der
bekannt hatte, keinen agrarischen Grundbesitz zu
haben, wurde der "Politik ohne Halm und Ar"
bezichtigt und das "Erstgeburtsrecht" der Landwirtschaft gegenüber der Industrie eingefordert. In
dieser Situation versuchten konservative Politiker,
Bismarck zu drängen, im Reichstag aufzutreten und
eine Erklärung gegen die Handelsverträge

abzugeben. In der Presse wurde heftig über Bismarcks politisches Comeback spekuliert, zu dem es dann aber nicht kam. Der Exkanzler wollte weder eine drohende Eskalation des Verhältnisses zu Regierung und Kaiser, noch eine Brüskierung Österreichs riskieren.[102]

Die Antisemiten, obwohl nicht alle Freunde der Konservativen, wandten sich gegen die Handelsverträge. Die Senkung der Schutzzölle würde die Preise drücken und die Bauern in immer größere finanzielle Abhängigkeit "vom Juden" bringen. Mit den eigentlichen Strukturproblemen der Landwirtschaft im Industriezeitalter hatte dies wenig zu tun, viel hingegen mit dem uralten Vorwurf, die Juden würden als Kreditwucherer und Zwischenhändler die Bauern um Haus und Hof bringen. (siehe Nr.22) In Süd- und Mitteldeutschland waren die Juden in der Tat im landwirtschaftlichen Handel stark vertreten. Dass sie ihre Stellung ausgenutzt hätten, um die Bauern durch Preisabsprachen und Wucherzinsen systematisch zu schädigen, wurde immer wieder behauptet, aber nie stichhaltig bewiesen. Die vom Verein für Socialpolitik durchgeführte Wucherenquete steckt voller wissenschaftlicher Unzulänglichkeiten und antisemitischer Vorurteile.[103] Daher ist sie als Quelle kaum brauchbarer als die von den Antisemiten selbst zu Agitationszwecken manipulierten Statistiken. Die Zahl der wucherbedingten Zwangsversteigerungen war lächerlich gering. 1886/87 handelte es sich um

---

[102] Vgl. Hank, Kanzler ohne Amt, S. 485- 519.

[103] Der Wucher auf dem Lande. Berichte und Gutachten des Vereins für Socialpolitik, Leipzig 1887. Zur Kritik: Antisemiten- Spiegel, S. 157- 196, insb. 184f.

maximal 3% aller Zwangsversteigerungen.[104] Weder das reale Ausmaß der sogenannten "Güter-schlächterei", noch die Tatsache, dass sich auch Christen unter den Wucherern befanden, konnten zur Aufklärung beitragen. Für viele Bauern waren die jüdischen Händler und Kreditgeber perfekte Sündenböcke, um einer Beschäftigung mit komplexen wirtschaftlichen Zusammenhängen und eigenem Versagen auszuweichen.

Die tatsächlichen Strukturprobleme der Land-wirtschaft lagen in ganz anderen Bereichen, z.B. im Preisverfall durch die Globalisierung der Märkte, in rückständigen Produktionsmethoden oder über-mäßiger Parzellierung durch das Realteilungsrecht. Dessen ungeachtet erlebte das traditionelle Feindbild des "Wucherjuden" im Zusammenhang mit der Agrarkrise in einigen Regionen eine Renaissance. Sich als Schutzmacht der bedrohten Bauern gegenüber "jüdischer Ausbeutung" aufzuspielen, war vor allem in Hessen das Erfolgsrezept der kleinen Antisemitenparteien. 1887 hatte der "hessische Bauernkönig" Otto Böckel mit einer populistischen Kampagne gegen "Junker und Juden" das erste Reichstagsmandat für einen unabhängigen Antisemiten gewonnen.[105] Anfang der 1890er Jahre

---

[104] Vgl. Thomas Klein, Der preußisch- deutsche Konservatismus und die Entstehung des politischen Antisemitismus in Hessen- Kassel (1866- 1893). Ein Beitrag zur hessischen Parteiengeschichte, Marburg 1995, S. 248.

[105] Zu Otto Böckel: Rüdiger Mack, Otto Böckel und die antisemitische Bauernbewegung in Hessen 1887- 1894, in: Christiane Heinemann (Hg.), Neunhundert Jahre Geschichte der Juden in Hessen, Wiesbaden 1983, S. 377-410; David Peal, Anti- Semitism and Rural

mobilisierte Hermann Ahlwardt mit einer ähnlichen Kampagne in Brandenburg und Pommern die Landbevölkerung für die Antisemiten.

Der Bilderbogen Nr.1 von 1892 versucht, beide Motive, d.h. der erhoffte Auftritt Bismarcks im Reichstag für die Sache der Agrarier und den angeblichen Wucher der jüdischen Kreditgeber und Zwischenhändler, miteinander in Verbindung zu setzen. Dargestellt wird das parlamentarische Halbrund zum Zeitpunkt des imaginierten Eintretens Bismarcks in den Sitzungssaal. In dessen Zentrum befindet sich eine "Judenbörse" zu der Bauern ihr Korn tragen, für das sie von den auf ihren Geldsäcken sitzenden Juden nur wenig ausbezahlt bekommen. (Abb.2)

Die Darstellung der Juden entspricht den bereits am Beispiel Wilhelm Buschs gezeigten gängigen Stereotypen. Am oberen rechten Bildrand betritt Bismarck in der Tracht eines "niederdeutschen Bauern" (siehe Langbehn!) den Saal. Das Erscheinen des Exkanzlers löst tumultartige Szenen aus. Der Reichstagspräsident wird von der Parlamentsglocke erschlagen, der am Rednerpult stehende linksliberale Gegner Bismarcks, Eugen Richter, wird von Tyras, dem Hund des Exkanzlers, ins Hinterteil gebissen, Reichskanzler Caprivi fällt in ein überdimensionales Tintenfass. Auf der Regierungsbank und unter den Abgeordneten macht sich Panik breit. Einige sind auf den Kronleuchter geklettert, andere versuchen, auf die Galerie zu entkommen. Die Sozialdemokraten haben sich

Transformation in Kurhessen. The Rise and Fall of the Böckel- Movement, Diss. Columbia University, New York 1985.

protestierend und drohend von den Sitzen erhoben und entrollen ihr rotes Banner, die bezeichnenderweise nur als Juden dargestellten Liberalen ergreifen die Flucht, die in Mönchs- oder Jesuitentracht gewandeten Zentrumspolitiker beginnen zu beten. Auch die Politiker auf der parlamentarischen Rechten, in "Hoflakaien-uniform", verstecken sich oder flüchten. Allein die Antisemiten stehen quasi als Empfangskomitee am Eingang bereit und heißen Bismarck willkommen. Dabei stehe "das deutsche Volk", so der erläuternde Text, "im Geiste an ihrer Seite". Der Träger des Willkommensschildes ist Otto Böckel.[106] (Abb.2)

Die zentrale Aussage des Bilderbogens läuft auf die Selbstaufwertung der Antisemiten und eine Verächtlichmachung von Parlament und Regierung hinaus. Die "Judenbörse" mitten im Reichstag, Chaos, Rauferein und das feige Verhalten der meisten Parlamentarier beim Auftreten Bismarcks denunzieren die Institution und den Parlamentarismus insgesamt. Bismarck wird als Repräsentant des von Regierungspolitik und Judentum bedrohten und vom Parlament im Stich gelassenen Bauernstandes präsentiert. Dass nur die Antisemiten, als Schutzmacht der Bauern, den "Reichsgründer" freudig empfangen, rückt sie in eine politische Nähe zum Exkanzler, die es in Wirklichkeit nicht gab. Wie viele andere Parteien und Verbände des "nationalen Lagers" versuchten auch die Antisemiten vom Bismarck- Kult zu profitieren, um sich politisch aufzuwerten und Respektabilität zu verschaffen.

---

[106] Politischer Bilderbogen Nr.1, 1892.

Der Bilderbogen Nr.2 behandelt die "Judenfrage" auf einer allgemeineren Ebene. Unter dem Titel "Juden in Deutschland" zeigt der obere Teil den biblischen Auszug der Juden aus Ägypten und ihre Ankunft in Israel, wo sie um das goldene Kalb tanzen. Aus der aufgeblätterten oberen Ecke blickt der preußische Finanzminister Miquel - eine Akte mit der Aufschrift "der neue Kurs" unter dem Arm - auf das Geschehen. Der Text erläutert dazu: "Schon in Ägypten, wie unser Bilderbogen zeigt, machten sich die Juden, gleich den Hirschfeld & Wolff, den Friedländer & Sommerfeld von heute, mit den Gold- und Silbergeräthen, die sie sich von den Ägyptern ,in Depot' hatten geben lassen, aus dem Staube." Wie einst für die Ägypter, so sei heute für Deutschland die Anwesenheit der Juden zum Schaden für das "Gastland", wenn es sich gegenüber ihnen, wie es angeblich die Politik des "Neuen Kurses" tue, zu tolerant zeigt. Dazu passend demonstriert das Großbild das aktuelle Treiben der Juden in einer nicht näher spezifizierten deutschen Stadt. Die Straßenszenen, die allesamt Sitten- losigkeit, Betrug und Wucher zeigen, spielen sich zwischen den jüdischen Geschäftshäusern ab, die ihre Dienstleistungen in großen Werbeaufschriften anpreisen, denn Reklame galt den Antisemiten als jüdische Erfindung. Zu sehen sind z.B.:

- Das Orden- Verleih Magazin Manché in Anspielung auf Ahlwardts Ver- dächtigungen und Prozesse gegen Manché, der angeblich einen schwunghaften Handel mit Orden und Titeln treibe.
- "Isaacsohns Größter Abzahlungsbazar der Welt" und der "50 Pfg Bazar von Nathan dem Weysen" als Repräsentanten der

bedrohlichen Billigkonkurrenz der jüdischen Warenhäuser.

- "Mäntel- Geschäft zum berühmten Singer" in Anspielung auf den Textilfabrikanten Paul Singer, der als jüdischer Unternehmer sozialdemokratischer Politiker war und daher für die Antisemiten zum lebenden Beweisobjekt für die These wurde, dass hinter Kapitalismus und Sozialdemokratie gleichermaßen das Judentum stecke.[107]

- Das Bankhaus Friedländer & Sommerfeld, vor dem eine aufgebrachte Menschenmenge demonstriert, während sich die jüdischen Bankiers mit dem Geld ihrer Kunden aus den Fenstern im oberen Stock absetzen.

- In demselben Gebäude arbeitet ein Redakteur des "Berliner- Lügenblatts" an einem Artikel "gegen Bismarck". Gemeint ist das liberale Berliner- Tageblatt des jüdischen Verlegers Rudolf Mosse. Vor dem Gebäude werden Spenden für Rickerts "Judenschutztruppe", d.h. für den Verein zur Abwehr des Antisemitismus und dessen Mitgründer Heinrich Rickert, gesammelt.

- Im oberen Geschoss befindet sich die "Buchhandlung von Georg Brandes- Cohn", die über jede Menge zwielichtige moderne Schriften (pornographischen und revolutionären Inhalts) verfügt. Im Nebenraum wird Opium geraucht. Der

---

[107] Vgl. Ursula Reuter, Paul Singer (1844- 1911). Eine politische Biographie (Beiträge zur Geschichte des Parlamentarismus und der politischen Parteien Bd.188), Düsseldorf 2004.

deutsch- dänische Literaturkritiker Georg Brandes- Cohen wird hier als Prototyp jüdischer Intellektualität und Dekadenz vorgeführt.

- Ein Schlachthaus, in das Schweine mit "frischen Trichinen aus Amerika" getrieben werden. Eine Anspielung auf die Einführung des amerikanischen "Hochleistungsschweins", das den heimischen Züchtungen Konkurrenz machte. Eine Maßnahme, die der Begleittext "dem freihändlerischen Juden" zuschreibt, "obschon er selbst keine Schweine frisst - wohl wegen der Verwandtschaft mit ihnen."[108]

- Im Hause "Schwindelmayer" ist eine Talmudschule untergebracht, in der "den kleinen Judenjungen alles das gelehrt wird, was wir auf diesem Bilderbogen in Hülle und Fülle sehen: nämlich Treulosigkeit und Schamlosigkeit jeder Art."

Von Treulosigkeit und Schamlosigkeit ist auch das Verhalten der Juden in den Straßen geprägt. Jüdische Jünglinge stellen den Frauen nach, die "verjudete" Theaterszene begutachtet eine Hamlet-Aufführung, Bankiers als Wechsel- Reiter "galoppieren" über die Straße, unter einem Lasker-Lasalle- Denkmal (dem Weimarer Goethe- Schiller-Denkmal nachempfunden) verkaufen Juden säckeweise Knoblauch. Ein Pferdehändler streicht einen Schimmel schwarz an, um ihn als Rappen zu

---

[108] Zur Verankerung der Analogie von Juden und Schweinen in der Populärkultur: Rohrbacher/ Schmidt, Judenbilder, S. 29f.

verkaufen, während ein "Güterschlächter" dem deutschen Bauern die letzte Kuh aus dem Stall pfändet. (Abb.3)

Aus dem Dargestellten zieht der Text folgendes Fazit: "Überall sehen wir unsere jüdischen Mitwürger (sic.) eine segensreiche Thätigkeit entfalten - segensreich für sie, fluchwürdig für uns."[109]

Bemerkenswert an diesem Bilderbogen ist, dass die Bibel als historische Quelle genutzt wird, um die unterstellte unausrottbare Kontinuität des jüdischen Volkscharakters zu untermauern. Wie einst zu biblischen Zeiten, so seien die Juden auch heute ein parasitäres Volk. Einen Grund dafür sieht der Begleittext im Talmud. Das nachbiblische Hauptwerk des Judentums erlaube oder gebiete den Juden, andere Völker systematisch zu schädigen. Eine Behauptung, die die Antisemiten nicht ihren eigenen Talmudkenntnissen verdankten, sondern der umstrittenen Schrift "Der Talmudjude" (1871) des katholischen Theologen August Rohling, der die Unmöglichkeit der Judenassimilation auf die jüdischen Religionsgesetze zurückführte.[110] So ist auch der Begleittext überzeugt: "Jud' bleibt eben immer Jud', weil alle sittlichen Einflüsse an den

---

[109] Politischer Bilderbogen Nr.2, 1892. Wohl in Anlehnung an das bekannte Luther- Zitat: "Der Jude ist kein Teutscher sondern ein Täuscher, kein Welscher sondern ein Fälscher, kein Bürger sondern ein Würger."

[110] Vgl. August Rohling, Der Talmudjude. Zur Beherzigung für Juden und Christen aller Stände, Münster (6.Aufl.) 1877. Der Vatikan erklärte Rohlings Werk für theologisch unhaltbar und setzte es auf den Index.

Juden spurlos vorübergehen. Neger hat man zu
ehrlichen Christen machen können, Juden nicht."[111]

Ähnlich wie Bilderbogen Nr.2 thematisiert Nr.3 das
Verhalten der Juden in Deutschland, geht allerdings
spezifisch auf ihre enge Verbindung mit dem
Linksliberalismus ein. Unter dem Titel "Freisinnige
Zukunftsbilder", wird dargestellt, wie es in
Deutschland ausschaue, wenn die "deutsch-
blödsinnige Partei" (Deutsch- freisinnige Partei) an
die Macht käme. Dies sei gleichbedeutend mit einer
jüdischen Machtergreifung, denn, so der Text, "die
Zukunft der Freisinnigen ist die Zukunft der
Juden."[112]
Im Zentrum ist ein aus einer Synagoge mit Licht
bestrahltes Denkmal für "König Mammon" zu
sehen, vor dem Kränze niedergelegt werden. Eine
Prozession zieht mit Geldsäcken beladen zum
Denkmal, auf einer Fahne steht "Geld regiert die
Welt". Objekt der Verehrung ist außerdem der
jüdische Finanzpolitiker Eduard Lasker, dessen
Leiche feierlich durch die Straßen getragen wird.
Währenddessen werden andere nationale und
religiöse Kulturwerte vernichtet: Bücher werden
verbrannt, darunter Langbehns "Rembrandt als
Erzieher", Kirchen werden geplündert, Heiligen-
bilder, Kreuze und Bibeln werden verbrannt,
Geistliche aufgehängt. Das Kölner Bismarck-
Denkmal wird gestürzt und durch ein Heine-
Denkmal ersetzt. Die neuen Werte lehrt die
"Antichristliche Volks- Schule", in welcher der
Naturwissenschaftler Otto Hermes, der die

---

[111] Politischer Bilderbogen Nr.2, 1892.
[112] Politischer Bilderbogen Nr.3, 1893.

Evangelien als "Märchenbücher" bezeichnet hatte, unterrichtet. Das im Vordergrund vor einem Bretterzaun stehende Volk wird unter Dauerbeschallung der "Judenpresse" gehalten, die ihre Inhalte auf einer großen Schautafel präsentiert und den Menschen durch ein Orchester "ins Ohr bläst". Deutschlandlied und Kaiserhymne wurden umgedichtet: "Judas, Judas über alles, über alles in der Welt" und "Heil dir im Börsenglanz". Während Eugen Richter, der Führer der Freisinnigen, das Amt des Reichskanzlers von Caprivi übernimmt, werden die deutschen Kolonien zu Schleuderpreisen verkauft - eine Anspielung auf den als "nationale Schmach" empfundenen Tausch von Sansibar gegen den "Nordseefelsen" Helgoland. Die Freihändler importieren ihr "Amerikanisches Schwein" und lassen sich mit Schweinefett bestreichen. Auf der gegenüberliegenden Seite übt eine von jüdischen Offizieren befehligte Bürger- Garde mit dreiwöchiger Dienstzeit. Ein Anspielung auf die Forderungen der Liberalen, die Wehrpflicht zu verkürzen und Juden zum Offizierskorps zuzulassen. Bauern und Handwerker leiden unter der "judenliberalen" Wirtschaftspolitik und verkommen im Elend. Derweil vergnügen sich die Juden in ihrer Freizeit in dem für sie reservierten Nordseebad Sylt. Jüdische Neureiche als Touristen und Kurgäste in Badeorten waren ein beliebtes Hassobjekt der Antisemiten, dem auch die Glößsche Bilder-bogenserie eine Ausgabe widmete. (Nr.18).[113]

---

[113] Vgl. Frank Bajohr, "Unser Hotel ist judenfrei". Bäder-Antisemitismus im 19. und 20. Jahrhundert, Frankfurt a.M. (3.Aufl.) 2003.

Im freisinnigen Zukunftsstaat gelten Antisemiten
hingegen als Staatsfeinde. Ahlwardt, Zimmermann,
Werner, Böckel, Stoecker und Bismarck (!) werden
an den Pranger gestellt, geviertelt, gesteinigt und
verbrannt. Für die übrigen besteht eine "Irrenanstalt
für Antisemiten". Das auch in anderen Bilderbogen
wiederkehrende Motiv der Irrenanstalt ist wohl eine
Anspielung auf konkrete Fälle Anfang der 1890er
Jahre: Die Agitatoren Karl Paasch und Paul Schreber
wurden wegen der Verbreitung antisemitischer
Verschwörungstheorien und Mordaufrufen gegen
Juden tatsächlich in die Psychiatrie eingewiesen.[114]
Die zentrale Botschaft des Bilderbogens Nr.3 ist die
enge Verbindung von Liberalismus und Judentum,
wie sie sich in der 1884 aus Fortschrittspartei und
linkem Flügel der Nationalliberalen hervorge-
gangenen Freisinnigen Partei äußere. Der
Liberalismus handele im Sinne der Juden, indem er
traditionelle Kulturwerte zerstöre und stattdessen
Materialismus und Atheismus zur Geltung bringe.
Der Begleittext unterstreicht diese antikapitalistische
Note mit der Gegenüberstellung der Antonyme Geld
(= Juden) und Geist (= Deutsche):
"Wenn die Menschheit bestehen soll, muss (...) in ihr
Ordnung herrschen. Die vernünftige und ästhetische
Ordnung aber verlangt, dass der nützliche und
wohlgebildete Deutsche den ersten und der unnütze
und trottelige Jude den letzten Platz an der Tafel der
Menschheit einnehme. Die göttliche Ordnung aber
verlangt, wie es in 'Rembrandt als Erzieher' heißt,
dass nicht das Geld, sondern der Geist die Welt
regiere. Der Jude aber bedeutet das Geld in der Welt,
der Deutsche den Geist in ihr. Das Deutsche Volk

---

[114] Vgl. Mai, "Wie es der Jude treibt", S. 76f.

und das Deutsche Reich sind zu jung, um schon zu sterben und wie ein totes Reh im grünen Walde von den schwarzen Mistkäfern der Börse verknabbert zu werden."[115]

Bilderbogen Nr.4 bietet eine kritische Auseinandersetzung mit der Politik des "Neuen Kurses" und der Person Caprivis in Form einer im Stile Wilhelm Buschs gehaltenen Bildergeschichte mit dem ironischen Titel "Caprivis Heldenthaten". Privat wie politisch wird Bismarcks Nachfolger als naiv und ungeschickt dargestellt. Die Entlassung Bismarcks, der Verlust Sansibars, die Berufung des Polen Stablewski zum Bischof von Posen, die Auflösung des Welfenfonds, die Trennung der Ämter des Reichskanzlers und des preußischen Ministerpräsidenten erscheinen als Akte politischer Schwäche und Unbedarftheit, die das nationale Selbstbewusstsein der Deutschen trüben.

Wie bereits in den vorigen Bilderbogen wird die Handelsvertragspolitik Caprivis einem anti-semitischen Deutungsschema unterworfen: Der durch vermehrte Einfuhren hervorgerufene Preisverfall zwinge die Bauern in größere Abhängigkeit von jüdischen Händlern und Kredit-gebern. Dementsprechend fällt im Bilderbogen die Reaktion beider Gruppen auf den Abschluss des Handelsvertrags mit Österreich aus: "Rings im Reiche alle Bauern/ hört man drob zusammen-schauern/ Doch die Juden rufen laut:/ Dieser Mann ist 'comme il faut'."[116] Außerdem wird Caprivi eine aus Naivität entspringende Nähe zum Judentum

---

[115] Politischer Bilderbogen Nr.3, 1893.
[116] Politischer Bilderbogen Nr.4, 1893.

vorgeworfen: Er bringt sein Geld zum jüdischen Bankhaus Hirschfeld & Wolff und lässt sich vom "judenliberalen" Eugen Richter politisch unterstützen.

Caprivi wird zwar mit Orden und Titeln ausgezeichnet, im "Volk" ist aber Bismarck populär und der "Neue Kurs" verhasst. So kommt es symbolisch zum Duell zwischen Caprivi und Bismarck, das der letztere für sich entscheidet. Am Ende steht die triumphale Rückkehr Bismarcks nach Berlin.

Wirkt der Antisemitismus in der Bilderfolge wie ein hier und da eingestreutes Element, um die Person Caprivis und den "Neuen Kurs" zu diskreditieren, verleiht ihm der Begleittext eine fundamentalere Bedeutung, indem der Konflikt um die Regierungspolitik zum Kampf zwischen Juden und Deutschen stilisiert wird:

"In dem Kampf, den Fürst Bismarck für seine geschichtliche und persönliche Ehre gegen den Herrn Caprivi und seine Hintermänner führt, stehen sämtliche Berliner, Breslauer, Frankfurter und Kölner Juden auf Seite Caprivis. Dass somit das ganze deutsche Volk schleunigst auf die andere Seite gehört, ist klar. Judenstimme, Teufelsstimme. (...) Volkesstimme, Gottesstimme."[117]

Bilderbogen Nr.5 widmet sich wieder der "Judenfrage" in Reinform und zeigt, wie die Juden Deutschland in eine "Börsen- Kirmeß" verwandeln. Das Schlagwort "(Juden-) Börse" war in antisemitischen Kreisen mit mehr verknüpft als mit der Institution, in der Waren- und Wertpapierhandel

---

[117] Ebd.

stattfindet. Es stand vielmehr als Synonym für das "raffende Kapital", das sich nicht durch ehrliche, produktive Arbeit, sondern durch undurchschaubare Geschäfte und unverhohlene Betrügereien vermehre. Dieses gemeinschaftsschädigende sozio-ökonomische Verhalten als spezifisch jüdisch zu präsentieren erforderte keine argumentativen Meisterleistungen, da Juden in der Tat in Handel und Bankenwesen überdurchschnittlich vertreten waren, während die Klientel der Antisemiten (Bauern, Handwerker, Angestellte, Studenten) dieser kapitalistischen Welt fern standen und sich von ihr bedroht fühlten. Die Kombination des Begriffs "Börse" mit "Kirmeß" verleiht dem Vorurteil historische Tiefe. Die Jahrmärkte der Vormoderne galten als Orte, wo Juden als Schausteller, Kleinhändler und Trödler relativ ungehindert "Schacher" treiben konnten - ebenso wie sie es heute im großen Stil an der Börse täten.[118]

Im Zentrum der Zeichnung ist der "Giftbaum" vom "Stamm Nimm" zu sehen, auf dem kleine Teufelchen herumklettern und Früchte wie Größenwahn, Bankrott, Bestechung, Untreue, Wechselschwindelei, Halsabschneiderei, Wucher, Fälschung, Meineid, Lüge, Unterschlagung, Erpressung, Verleumdung, Diebstahl, Konkurs gedeihen. Darüber ist der Schriftzug zu lesen: "Wenn auch die Börse heiter scheint/ Das Auge Gottes darüber weint." Während unter dem Baum die Juden ihre ausbeuterischen und unmoralischen Geschäfte treiben, werden christlich- deutsche Werte, symbolisiert durch Tanne und Christbaum, an den Rand gedrängt. Der Text kommentiert:

---

[118] Vgl. Rohrbacher/ Schmidt, Judenbilder, S. 23ff.

"Deutschland (...) verkümmert unter dem Giftbaum. Recht, Ehre und Sitte, Natur und Christentum, echter Frohsinn und echter Lebensernst verkümmern unter dem Hauch der Börse."[119]

Das wirtschaftliche Treiben der Juden unter dem "Giftbaum" wird in der Karikatur mit folgenden Aktivitäten dargestellt: Mädchenhandel, Sammlungen für den "diätenlosen Freisinn" und die "innere sozialdemokratische Mission", mit Aktiengeschäften wird deutschen Sparern der letzte Notgroschen aus der Tasche gezogen, bewucherten Offizieren wird ein Massengrab zugedacht, und die Bauern müssen ihre Erzeugnisse zur unverlässlichen "Börsen- Schaukel" schleppen. Auch das Kulturleben wird auf die Juden zugeschnitten: Zu sehen sind ein Denkmal für den angeblichen Ritualmörder Buschoff, eine Fabrik für Lügentelegramme, ein "Fress- Kober für Press- Juden", an dem sie gemeinsam mit Schweinen und Reptilien fressen und Unterricht für Börsenschwindler. Während Deutsche zur Auswanderung nach Amerika gezwungen werden, wandern polnische Juden in Scharen ein.

Einige Antisemiten werden im Bilderbogen als Kämpfer gegen die jüdische "Börsen- Kirmeß" vorgestellt: Maybach und Ahlwardt befehlen, die Wurzeln des "Giftbaumes" zu zerhacken, während Georg Ritter von Schönerer, der Führer der österreichischen Deutschnationalen, die "Judenpresse" züchtigt. Schönerer hatte mit seinen Gesinnungsgenossen 1888 die Redaktion des Wiener Tageblatts gestürmt, nachdem es eine Falsch-

---

[119] Politischer Bilderbogen Nr.5, 1892.

meldung über den angeblichen Tod Kaiser Wilhelms
I. gebracht hatte.[120]
Der Kommentierung dieser Vorgänge im Text,
schließt sich eine Beschwörung der Gefahr von
Börse und Judentum in drastischen Worten an: "Die
Würde der Völker sinkt unter dem Geist der Börse in
den Staub. Die Börse ist ein permanenter
Choleraherd für das Gemüth und den Charakter der
Völker", dessen Verursacher die Juden seien, die
"die Dämme der Ehre und der Sitte, und die Deiche
zwischen dem Blut der Nationen zerreißen und alles
in einen internationalen Völker- und Sitten- Kot zu
verwandeln suchen."[121]
Der Begleittext endet mit der für Max Bewer
charakteristischen Anrufung von Bismarck und
Christus als Retter des deutschen Volkes, die dem
Treiben des Judentums ein Ende machen sollen.

Der Bilderbogen Nr.6 trägt den Titel "Das Märchen
von Christus". Er greift eine dem Naturwissenschaftler Otto Hermes zugeschriebene
Äußerung auf, und attackiert den zunehmenden
Atheismus und Materialismus im Bildungsbürgertum. Das Umsichgreifen beider Geistes-
haltungen wird in der Karikatur und im Text dem
Wirken der Juden zugeschrieben, die "mit der
Schwefelsäure ihres antichristlichen Geistes" Glaube
und Gemüt der Deutschen zersetzen würden.
Im Zentrum des Bilderbogens ist ein
überlebensgroßer gekreuzigter Christus zu sehen,

---

[120] Vgl. Andrew G. Whiteside, Georg Ritter von
Schönerer. Alldeutschland und sein Prophet, Graz u.a.
1981.
[121] Politischer Bilderbogen Nr.5, 1892.

der von einem Mob aus Juden, Börsianern, Atheisten, Liberalen und Naturwissenschaftlern verlacht, bespuckt, mit Steinen und Dreck beworfen wird. (Abb.4) Hier wird auf angebliche Formen jüdischer Gotteslästerung verwiesen, die in Mittelalter und Früher Neuzeit immer wieder überliefert wurden. In Martin Luthers "Von den Juden und ihren Lügen" (1543), sowie bei Luthers Gewährsmann in "Judenfragen" Antonius Margaritha, findet sich z.B. die Behauptung, Juden würden drei Mal auf den Boden speien, wenn sie einem Christen begegneten oder den Namen Jesu Christi hörten.[122] In der modernen Großstadt, so der Bilderbogen, habe sich die Verachtung gegenüber der christlichen Religion auch über jüdische Kreise hinaus ausgedehnt. Die "antichristlichen" Menschenmengen treten aus Institutionen hervor, denen eine zersetzende Wirkung auf die Christlichkeit der Deutschen zugeschrieben wird: Die Börse, das liberale Berliner Tageblatt, eine Universität mit der Aufschrift "Ignorabimus" und einer Fahne, auf der die Parole "Kein Glaube! Nur echte Wissenschaft" zu lesen ist, eine Synagoge, die "Geld regiert die Welt" zu ihrem Motto gemacht hat, ein Panoptikum, das von Otto Hermes geleitete Berliner Aquarium. Um das Kreuz herum tanzen Mitglieder der "Ethischen Bewegung", ein Verein linker und liberaler Intellektueller, der bestrebt war, eine allgemeine Ethik an die Stelle von Religion zu setzen.[123] Dass hinter dem atheistischen und

---

[122] Vgl. Peter von der Osten- Sacken, Martin Luther und die Juden. Neu untersucht anhand von Anton Margarithas "Der gantz Jüdisch glaub" (1530/31), Stuttgart 2002.
[123] Vgl. Ulrich Klesse, Die ethische Bewegung in Deutschland, Freiburg 1981.

gotteslästernden Treiben die Juden stecken, macht der Hintergrund der Karikatur deutlich: Am Horizont sind die Städte Berlin und Jerusalem in unmittelbarer Nähe zueinander abgebildet. Ein Treck von Juden begibt sich auf der "Juden-Chaussee" nach Berlin. Vor den Stadttoren betreiben die Juden Ritualschächterei, beten das goldene Kalb an und suchen sich Ritualmordopfer (wie auch an den Seitenrändern dargestellt). Der Bankier Bleichröder lässt sich selbst und seine Geldsäcke durch die Straßen chauffieren, ebenso wie Rothschild, der zusammen mit dem Papst in einer Kutsche sitzt.

In diesem Bilderbogen werden die Juden als Feinde des christlichen Glaubens vorgestellt. Der Bilderbogen erschöpft sich aber nicht darin, die christliche Judenfeindschaft des Mittelalters schlicht auf die Gegenwart zu übertragen. Während es der mittelalterliche Antijudaismus mit einer ausgegrenzten Minderheit zu tun hatte, befinden sich die Juden der Gegenwart in der Position, selbst den Zeitgeist prägen zu können. Denn es sei ihnen gelungen, in den gebildeten und wohlhabenden Schichten Atheismus und Materialismus zu verbreiten. Dagegen werde sich, so der Begleittext, einst das Volk erheben:

"Die Juden und ihre Genossen mögen sich merken, dass es eine durchgängige Erscheinung in der Weltgeschichte ist, dass wenn das Unkraut des Judentums am höchsten steht, Christus am nächsten ist. Der christliche Geist wird wie im Mittelalter, so auch jetzt zur rechten Zeit im Herzen des Volkes wiedergeboren (...)"[124]

---

[124] Politischer Bilderbogen Nr.6, 1892.

Analyse der Bilderbogen

Vor dem Hintergrund des Dargestellten kann dies nur als eine unverhohlene Drohung mit Pogromen wie im Mittelalter verstanden werden.

In Form einer Bildergeschichte werden in Nr.7 "Ahlwardts Heldenthaten" gefeiert. Wie bereits geschildert zählte Hermann Ahlwardt zu den radikalsten und zügellosesten antisemitischen Agitatoren. Mehrfache Verurteilungen zu Gefängnisstrafen und sein geschäftsmäßiges Betreiben des Antisemitismus machten ihn zum Prototypen des Radauantisemiten. Die etablierte politische Klasse verurteilte den "Ahlwardtismus" einhellig, wobei man sich auf der politischen Rechten nicht gegenüber dem Antisemitismus, sondern lediglich gegenüber Ahlwardts Persönlichkeit distanzierte. Zunächst widerspricht der Bilderbogen der Einschätzung Ahlwardts als zügellosem Hassprediger. Er wird als einfacher, honoriger Mann dargestellt. In seiner Schulzeit, als Kriegsfreiwilliger 1870, in seinem Beruf und gegenüber seiner Familie habe er sich stets tadellos bewährt. Für einen Freund habe er sich verschuldet und sei, als dieser starb, in die Fänge jüdischer Wucherer geraten. Als Ahlwardt nun begonnen habe, sich mit der "Judenfrage" zu befassen und angebliche Skandale aufzudecken, an denen Juden beteiligt waren, hätten ihm die Israeliten ihre Macht in Presse und Justiz auf den Hals gehetzt. In Prozessen gegen die Schulbehörde, Manché, Bleichröder und Loewe sei Ahlwardt stets im Recht gewesen und doch verurteilt worden, denn die Gerichte handelten nach dem Motto: "Der Jude gilt für treu und ehrlich/ Doch Ahlwardt für gemeingefährlich." Unbeeindruckt durch alle politischen und juristischen Autoritäten habe sich das deutsche Volk hinter Ahlwardt versammelt: "Welch Urtheil auch der Richter spricht/ das deutsche Volk verlässt ihn nicht,/ Und wenn Caprivi selbst ihn tadelt,/ Das Volk weiß selber, wen es adelt." Daher schließt die Bildergeschichte mit Ahlwardts Wahlkampffeldzügen und der Forderung: "Auf freiem Grunde soll er thronen,/ als freier Mann bei Deutschen wohnen,/ ein Held so fest, wie Erz und Fels,/ Der Tod und Schrecken Israels."[125]

Der Grundaufbau der Handlung der Bildergeschichte hat Anklänge an Shakespeares "Der Kaufmann von Venedig". Der honorige Kaufmann Antonio gerät unverschuldet in die Fänge des Wucherers Shylock, der sich mit Hilfe des formalen Rechts für die judenfeindlichen Äußerungen seines Kontrahenten rächen will. Das Ausspielen von Rechtsempfinden gegen formales Recht spielte in der öffentlichen Diskussion über die Ahlwardt- Prozesse in der Tat eine gewisse Rolle. Weil man den Juden den juristischen Erfolg nicht gönnte, wurde der Radauantisemit in der rechtsgerichteten Presse zum Märtyrer erhoben. Mit der Faktenlage lassen sich die Sympathien für Ahlwardt in der deutschen Öffentlichkeit jedenfalls nicht erklären. Jegliche Beweise für Ahlwardts Behauptungen und Unterstellungen fehlten, so muss denn in der Bildergeschichte die unbedeutende Aussage des Verlegers Glöß herhalten, um überhaupt etwas zugunsten des antisemitischen Agitators aufführen zu können.

---

[125] Alle Zitate Politischer Bilderbogen Nr.7, 1893.

Bilderbogen Nr.8 entwirft ein "Juden- ABC". Jedem Buchstaben des Alphabets wird in einer Karikatur und einem kurzen Reim ein Aspekt des antisemitischen Judenbildes zugeordnet. Sofern keine prominenten Juden und "Judenfreunde" unmittelbar angegriffen werden, greifen die Reime auf gängige Namenspolemiken zurück. Als typisch jüdisch geltende Namen wie Itzig, Cohn, Schmuhl, Levi etc. waren ein beliebtes Objekt für Spott und Witzelei.[126] Ein zusammenhängender Begleittext existiert zu diesem Bilderbogen nicht. Es soll nun kurz beschrieben werden, was jedes Bild zeigt, mit welchem Text es unterlegt ist und wie das Dargestellte in die antisemitische Gedankenwelt des Kaiserreichs einzuordnen ist.

A: stellt Hermann Ahlwardt dar, der mit seiner Agitation die Juden in die Flucht schlägt. "Nach Asien, woher er kam,/ Wünscht unser Volk den Abraham." Der unbescheidene Anspruch der Antisemiten für das deutsche Volk als Ganzes zu sprechen wird untermauert. (Abb.5)

B: karikiert das 1866 verübte Attentat Blind- Cohens auf Bismarck. "Der Bismarck ist ein deutscher Mann,/ Drum schießt der Jude Blind ihn an." Juden als Revolutionäre und Terroristen zu brandmarken ließ sich nicht nur aus ihrem Engagement in der staatsfeindlichen Sozialdemokratie konstruieren. Nachdem Zar Alexander II. 1881 einem

---

[126] Bei jeweils ca. 4% aller durchgeführten Namensänderungen im wilhelminischen Kaiserreich wurde ein als typisch jüdisch stigmatisierter Name abgelegt. Bemerkenswert ist, dass in der Mehrzahl dieser Fälle die Antragsteller Nichtjuden waren! Vgl. Dietz Bering, Der Name als Stigma. Antisemitismus im deutschen Alltag 1812- 1933, Stuttgart 1987, S. 123f.

Bombenanschlag zum Opfer gefallen war und man das Verbrechen "den Juden" angelastet hatte, fand das Feindbild vom jüdisch- anarchistischen Terroristen in Europa Verbreitung.

C: Reichskanzler Caprivi hält schützend seine Hand über die in Konkurs gegangenen Bankiers Cahn und Cohn. "In Deutschland hausen Cahn und Cohn,/ Caprivi ist ihr Schutzpatron." (Abb.5) Angriffspunkt ist hier die Politik des "Neuen Kurses", die jüdische Geschäftemacherei bis in den Bankrott hinein schütze. Caprivi hatte 1894 u.a. wegen dieses Bildes erfolgreich gegen Glöß geklagt und ein Verbot der Verbreitung des Bogens erwirkt. Glöß, der 500 Mark Geldstrafe zahlen musste, antwortete mit einer Neuauflage von Nr.8, in der das beanstandete Bild leicht verändert wurde. Caprivi wird nicht mehr gezeigt und der Text wurde geändert: "In Deutschland hausen Cohn und Cahn,/ Concurs ist ihre Lebensbahn". Jemanden als Schutzpatron von Juden darzustellen erfüllte den Straftatbestand der Beleidigung, während die pauschale Beleidigung aller Juden gerichtlich unbeanstandet blieb.[127]

D: betreibt Eigenwerbung. Abgebildet ist die Druckerei Glöß und eine Menschenmenge, die sich um die Politischen Bilderbogen reißt. "In Dresden macht man Bilderbogen,/ Drum kommt kein Jud dorthin gezogen."

E: Jüdische Kreditgeber schnüren einem Adligen in Uniform ein Band mit der Aufschrift "Wechselzinsen" um den Hals. "Den Esau schmiert

---

[127] Peinlicherweise feierte der Verein zur Abwehr des Antisemitismus das Urteil im Caprivi- Fall wie einen Sieg und verdrängte, dass es in Wirklichkeit die antisemitische Logik bestätigte. Vgl. Mitteilungen 4 (1894), S. 12f, 206f.

man an mit Linsen,/ Den Edelmann mit Wechselzinsen." Durch ihren Wucher gelinge es den Juden, selbst höchstgestellte Kreise in ihre Abhängigkeit zu zwingen. Unterstellt wird die Neigung der Juden zum trickreichen Betrug durch den Verweis auf jene biblische Geschichte, in der Jakob seinen Bruder Esau um sein Erstgeburtsrecht bringt. (1.Mose 25,29-34)

F: zeigt eine von Tiermedizinern begutachtete Schächtung. "Der Jude gern den Fleischer spielt,/ Im Fleisch er vor Vergnügen wühlt." (Abb.5) Das in Sachsen sogar zeitweilig erfolgreiche Bemühen der Antisemiten, die koschere Schlachtung zu verbieten, hatte weniger mit Tierschutz, als mit der Absicht zu tun, jüdische Religion und Kultur als barbarisch darzustellen. Die Behandlung des Themas im Reichstag 1899 wurde allerdings für die Antisemiten zum Fiasko: Die tiermedizinischen Gutachten widersprachen ihrer Auffassung, und es wurde bekannt, dass nichtjüdische Schlachtbetriebe das Schächten übernommen hatten, um durch ein besseres Ausbluten eine höhere Qualität des Fleisches zu erzielen. Das Schächtverbot kam nicht einmal zur Abstimmung.[128]

G: Ein reicher Jude versucht in seiner Wohnung eine deutsche Frau zu verführen. An der Wand hängt ein Bild mit dem Stammbaum vom "Stamm Nimm", darunter befindet sich ein geöffneter Tresor. "Ein Jude denkt von Anbeginn,/ An Wollust nur und Geldgewinn." (Abb.5) Thematisiert wird die Bedrohung der arischen Frau (und damit der Rassenreinheit allgemein) durch den jüdischen Mann, der unter Ausnutzung von

---

[128] Vgl. Antisemiten- Spiegel, S. 30- 37.

Abhängigkeitsverhältnissen seine sexuellen Phantasien verwirkliche. Die von Julius Streichers "Stürmer" auf die Spitze getriebene Sexualisierung des Antisemitismus gehörte bereits im späten 19. Jahrhundert zum Standartrepertoire antisemitischer Agitation. Auf das Heiratsverhalten hatten solche Vorstellungen von "Rassenschande" allerdings noch keinen Einfluss. Die Zahl der Mischehen nahm zwischen 1885 und 1914 von 5,2% auf 20,4% aller Ehen zu, an denen Juden beteiligt waren.[129]

H: zeigt die Einweihung des Heine- Denkmals in Frankfurt, wobei der jüdische Schriftsteller Heinrich Heine als Schwein gezeigt wird. "Viel Streit um Heinrich Heine geht,/ Er ist ein Schwein im Veilchenbeet." Heinrich Heine, ein allgemein anerkannter jüdischer Schriftsteller der deutschen Romantik, war geradezu prädestiniert, zum Hassobjekt der Antisemiten zu werden, wenn es ihnen darum ging, zu zeigen, wie tief die assimilierten Juden bereits in das deutsche Kulturleben eingedrungen seien. Was die Kritik an der angeblichen "Verjudung des Kulturlebens" betrifft, hatte Richard Wagner mit seiner Schrift "Das Judentum in der Musik" bereits 1850 die Vorlage geliefert. Aufgenommen wurde sie u.a. von dem 1910 gegründeten deutschvölkischen Schriftstellerverband (Adolf Bartels, Philipp Stauff), der systematisch das deutsche Schrifttum nach jüdischen Autoren durchforstete, um die Leserschaft vor ihren Werken zu warnen.

I: zeigt Juden als Mitglieder der "Ethischen Gesellschaft", welche als "eklige Gesellschaft" verhöhnt wird. "Der Itzig lebt gleich einer Wanz,/

---

[129] Vgl. Zumbini, Die Wurzeln des Bösen, S. 48.

Sein Ideal heißt: Toleranz." Eine Verständigung von Christen und Juden auf der Basis gemeinsamer ethischer Werte konnte kaum im Sinne der Antisemiten sein und wurde von ihnen daher als "jüdische Erfindung" denunziert.

K: hier beten die Juden ein goldenes Kalb an. "In Kanaan der Moses liegt,/ Das Kalb jedoch lebt sehr vergnügt." Die Anbetung des goldenen Kalbes symbolisierte in den Augen der Antisemiten, dass der Materialismus der wahre Gott des Judentums sei. Der im Börsenkrach von 1873 endende Gründerboom erschien vielen Kritikern im Nachhinein als "jüdischer Tanz um das goldene Kalb".

L: gezeigt wird eine Menschenmenge, die in ein Bankhaus stürmt, um Aktien und Wertpapiere zu kaufen. "Wer, was er hat, dem Levy leiht,/ Geht bald in einem Lumpenkleid." Die Behauptung, dass die in Geldgeschäften bewanderten Juden die naiven Deutschen in betrügerischer Art und Weise um ihr Erspartes bringen würden, war seit der Zeit der "Großen Depression" aus der antisemitischen Agitation nicht mehr wegzudenken.

N: eröffnet einen Blick in die Expeditionsstelle der Zeitschrift "Nation", in der Sammelbüchsen für die Freisinnige Partei und den angeblichen Ritualmörder Buschoff aufgestellt sind. "Der Nathan schreibt, es ist ein Hohn-/ Im Geist der 'daitschen Nathion'" bezieht sich auf die von Theodor Barth geführte liberale Wochenzeitschrift "Die Nation. Wochenschrift für Politik, Volkswirtschaft und Literatur", für die auch prominente Juden schrieben.

O: zeigt einen "Güterschlächter", der der Bauernfamilie den Ochsen aus dem Stall holt. "O, Michel unter Juden du -/ Ein Ochse weint sogar dazu." Die Bedrohung des Bauernstandes durch jüdischen Wucher und Betrug war, wie die vorigen Bilderbogen bereits gezeigt haben, ein klassischer Topos der Antisemiten. Indem sie sich als Schutzmacht der Bauern aufspielten, errangen die Antisemiten Ende der 1880er, Anfang der 1890er Jahre spektakuläre Wahlerfolge.

P: stellt dar, wie der in eine Irrenanstalt eingelieferte Paasch von Juden verhöhnt wird. "Paasch ist ein deutscher Patriot,/ Die Juden möchten, er wär todt." Karl Paasch hatte 1891 in einigen Pamphleten zum Judenmord aufgerufen, weswegen er zunächst zu 15 Monaten Gefängnis verurteilt, dann aber für Geisteskrank erklärt und psychiatrischer Behandlung zugeführt wurde.[130]

Q: zeigt einen Juden, der Quacksalberartikel an Cholerakranke verkauft. "Ob sie sich schreibt mit Q ob K,/ Vom Juden stammt die Cholera." Die Antisemiten führten den Ausbruch der Cholera-epidemie 1892 in Hamburg darauf zurück, dass Ostjuden den Erreger aus Asien eingeschleppt hätten. Mit wilden Polemiken gegen die ostjüdischen Auswanderermassen in den Häfen und das "jüdisch-plutokratische Patriziat" der Hansestadt, das bei der Bekämpfung der Seuche versagt habe, erzielten sie erhebliche Sympathiegewinne in der Be-völkerung.[131]

---

[130] Zu diesem Fall: Vgl. s.v. Antisemitismus, in: Encyclopaedia Judaica. Das Judentum in Geschichte und Gegenwart 2 (1928), Sp. 1023.

[131] Vgl. Hödl, Die Pathologisierung des jüdischen Körpers, S. 64; Zumbini, Die Wurzeln des Bösen, S. 544f; Kurt-Gerhard Riquarts, Der Antisemitismus als politische Partei in Schleswig- Holstein und Hamburg 1871- 1914 (=Diss. Christian- Albrechts- Universität Kiel), Kiel 1975, S. 71;

R: Während Rothschild in einem Restaurant tafelt, verhungern draußen die Menschen. "In Russland herrschet Hungersnoth,/ Der Rothschild frisst sich noch mal todt." Der Reichtum der internationalen Bankiersfamilie Rothschild wird als Synonym für die weltumspannende "jüdische Geldmacht" gebraucht, die nur sich selbst und nicht den Menschen diene.

S: mokiert sich über den jüdischen Fabrikanten und sozialdemokratischen Politiker Paul Singer, der fein gekleidet aus einem Salonwagen steigt und sich von den Arbeitermassen feiern lässt. "Der Singer hält auf seine Rasse,/ Er reist fürs Volk, doch erster Klasse." (Abb.5) Politiker wie Singer stellten in den Augen der Antisemiten den lebenden Beweis, dass die jüdisch unterwanderte SPD die Arbeitermassen verführe, um die Herrschaft des Judentums herbeizuführen. (siehe Nr.11, 24)

T: zeigt Verleger Rudolf Mosse, der als Teufel über seinen Geldsäcken wacht. "Der Teufel auch sein Blättchen hat,/ Es heißt Berliner Tageblatt" Das auflagenstarke Berliner Tageblatt stand aus der Sicht der Antisemiten stellvertretend für die "juden-liberale" Presse im Allgemeinen.

U: In einem Büro der Bank Hirschfeld & Wolff werden Urkunden gefälscht. "Der Jude macht aus X gern U,/ Urkunden fälscht er im Nu." Der Vorwurf lautet, dass sich die Juden im Wirtschaftsleben durch Fälschung und Betrug begünstigen.

Daniela Kasischke, Die antisemitische Bewegung in Hamburg während des Kaiserreichs 1873- 1918, in: Arno Herzig (Hg.), Die Juden in Hamburg 1590- 1990, Hamburg 1991, S. 475- 485.

V: Die "Judenfreunde" Richter und Virchow werden als Ammen für Judenkinder abgebildet. "Trichinen hasst der Virchow sehr,/ Die Juden liebt er um so mehr." Zum Antisemitismus gehörte nicht nur der Angriff auf die Juden selbst (siehe hier die Gleichsetzung mit Trichinen), sondern auch, die nichtjüdischen Gegner des Antisemitismus als "Judenschutztruppe" zu verunglimpfen.

W: zeigt drei Juden beim Ausritt auf ihren Wechselscheinen. "Spricht man von Wechsel-reiterei,/ Macht gleich der Jud ein Wehgeschrei."

X: Trauernde scharen sich um ein Denkmal für das Xantener "Ritualmordoper". "In Xanten liegt ein kleines Kind,/ Gott weiß, wer seine Mörder sind."[132] (Abb.5) Im Juni 1891 geriet der jüdische Schlachter Adolf Buschoff in Verdacht, einen Ritualmord an einem fünfjährigen Jungen begangen zu haben. Obwohl er in der Verhandlung vor dem Schwur-gericht in Cleve wegen erwiesener Unschuld freige-sprochen wurde, genügte den Antisemiten der Verdacht, um die uralte Blutbeschuldigung gegen die Juden wieder aufleben zu lassen.[133]

Z: zeigt einen Marktstand, an dem Juden Zwiebeln und Knoblauch kaufen. "Kein Deutscher wird es Euch verübeln,/ Fräßt Ihr in Zion Eure Zwiebeln." Gestank, nach Knoblauch, Zwiebeln etc., wurde

---

[132] Man beachte, dass dies als Aussage, nicht als Frage formuliert ist!

[133] Vgl. Hugo Friedländer, Der Knabenmord in Xanten vor dem Schwurgericht in Cleve 4.- 14. Juli 1892, Cleve 1892; Julius H. Schoeps, Ritualmordbeschuldigung und Blutglaube. Die Affäre Buschoff im niederrheinischen Xanten, in: Bohnke- Kollwitz (Hg.), Köln und das rheinische Judentum, S. 286- 299; Groß, Ritualmord-beschuldigungen, S. 51- 88.

bereits im Mittelalter zur Stigmatisierung des Fremden eingesetzt und auch auf die Juden ("foetor judaicus") bezogen.[134]

Bilderbogen Nr.9 mit dem Titel "Bismarck in Berlin" bietet eine kritische Auseinandersetzung mit dem "Neuen Kurs" und dem Undank, den man Bismarck in Berlin entgegenbringe. Kritisiert werden Pläne für ein Bismarck- Denkmal in Berlin, das angeblich nur den Zweck erfülle, Bismarck abzuspeisen, ihn als eine Figur der Vergangenheit darzustellen, während man den lebenden Bismarck "lieber heute als morgen" los wäre. Im Zentrum des Bilderbogens ist das laut Aufschrift "dem alten Nörgler" gewidmete Bismarck- Denkmal zu sehen. Um das Denkmal herum sind die Folgen der Politik des "Neuen Kurses" aus antisemitischer Sicht dargestellt: Der Afrikaforscher Wissmann beweint den Verlust Sansibars, Auswanderer packen ihre Sachen, die freihändlerischen Juden treiben die amerikanischen Schweine in die Stadt, und russische Juden wandern in Scharen ein. Der Begleittext kommentiert: "Gegen den Einzug beider, der Schweine und der Juden, die uns Trichinen und die Cholera ins Land bringen, hätte Bismarck nachdrücklich protestiert, aber die heutige Reichspolitik erschöpft sich eben in den Worten: Handwerker und Bauern wandern aus, und Schweine und Juden wandern ein."[135]
Nicht nur die Juden, auch die Jesuiten, deren Orden im Rahmen des Kulturkampfes verboten worden

---

[134] Vgl. Hödl, Die Pathologisierung des jüdischen Körpers, S. 23- 27.
[135] Politischer Bilderbogen Nr.9, 1893.

war, ziehen in die Stadt ein. Gedacht ist dies wohl als Anspielung auf die von Bismarck heftig kritisierte Annäherung der Regierung Caprivi an das Zentrum. Die Jesuiten wurden erst ab 1904 wieder im Reich geduldet.

Abgebildet ist des weitern das Reichstagsgebäude, das die Inschrift trägt: "Der dies stattliche Haus dem deutschen Volke errichtet, Bismarck, werde in ihm alle Zeit kräftig beschimpft", und ein jüdischer Abgeordneter hält ein Schild mit der Aufschrift "Der Vertrag mit Österreich ist angenommen" aus dem Fenster. Die Bauern schleppen ihre Ernte zur neben dem Reichstag befindlichen Getreide- Börse, um von den Juden nur Säcke voller Dreck zu bekommen. "Der Jude lebt in Saus und Braus, der Bauer hungert fast zu Haus." ist als Motto der Börse zu lesen. Während die Bauern sich Hilfe suchend dem Bismarck- Denkmal zuwenden, wird dieses von anderen Gruppen verspottet oder gemieden. Die Juden bespritzen es mit Gift und bewerfen es mit Steinen, die liberale Presse verbreitet Lügengeschichten, Lehrer, Professoren und Journalisten kritisieren an Bismarck herum, Sozialisten und Anarchisten halten Dynamit und Zündschnur bereit, und am Sockel des Monuments sind "Spucknäpfe für Streber, für Landräthe, Minister und Hofschranzen" aufgestellt. Achtlos fährt auch Reichskanzler Caprivi am Denkmal vorbei. Er hat einen dicken Geldsack dabei und eine Frau mit einer Hakennase, stellvertretend für das von ihm hofierte Judentum. (Abb.6) Seiner Kutsche folgt eine Militärkapelle, die sich vom Denkmal abwendet, wohl eine Anspielung auf den Erlass der Regierung, dass an den Festlichkeiten zu Bismarcks Geburtstagen keine Militärkapellen beteiligt sein sollten. Als Kontrast zur Schmähung und Verachtung Bismarcks, sind am Horizont Schlachtenszenen der Kriege von 1866 und 1870 angedeutet, die auf Bismarcks Verdienste um die Reichsgründung verweisen.

Berlin als Ort des Dargestellten wurde wahrscheinlich nicht nur als politisches Zentrum des Reiches ausgewählt. Obwohl die Hauptstadt den Ausgangspunkt des politischen Antisemitismus bildete, war sie für die Antisemiten als Hochburg von Judentum und Liberalismus eine verhasste Metropole. Mit rund 5% war der Anteil der Juden an der Berliner Bevölkerung relativ hoch, und in politischer Hinsicht war die Hauptstadt fest in linksliberaler und später sozialdemokratischer Hand. Trotz konservativer Unterstützung scheiterten die Antisemiten der "Berliner Bewegung" bei den Wahlen und verloren gegen Kandidaten wie Ludwig Loewe, Rudolf Virchow, Otto Hermes, Eugen Richter oder Paul Singer, die populäre Juden oder erklärte Gegner der Antisemiten waren.[136] Sieht man die stenographischen Protokolle der Reichstagssitzungen durch, fällt auf, dass Rickert, Richter, Hermes und Singer immer wieder gegen die Antisemiten Stellung bezogen und sich mit ihnen Rededuelle lieferten. Diese unmittelbare Konfrontation von Antisemiten und Juden("freunden") in Wahlen und Parlament kann erklären, warum ausgerechnet diese genannten Personen zu Hassobjekten in den Politischen Bilderbogen wurden.

---

[136] Wahlergebnisse von 1881 und 1884: Zumbini, Die Wurzeln des Bösen, S. 236f; 244f.

Als positive Bezugsperson fungiert hingegen Bismarck. Der Bilderbogen Nr.9 spannt die nationale Kultfigur Bismarck für die Sache der Antisemiten ein. In Berlin missachtet und verspottet man den zurückgetretenen Reichskanzler und regiert gegen seinen Geist. Profiteure dieser Situation seien die "inneren Reichsfeinde", allen voran die Juden. Die antisemitische Version der Kritik am "Neuen Kurs" wird, wie bereits in Bilderbogen Nr.1 und 4, mit Bismarck- Verehrung zusammengebracht.

Bilderbogen Nr.10 liefert die von den Antisemiten ersehnte und von Max Bewer in seinen Bismarck- Schriften herbei geschriebene Stellungnahme des "Reichsgründers" für die Sache der Antisemiten und gegen die Juden. In Wirklichkeit ist sie nie erfolgt, was die Antisemitenparteien nicht davon abgehalten hat, sich massiv am Bismarck- Kult zu beteiligen. Die Deutschsozialen veranstalteten wie andere Parteien und Verbände des nationalen Lagers regelmäßige Bismarck- Feiern und beteiligten sich am Bau von Denkmälern und Bismarck- Türmen (so in Dessau und Radebeul). In seinem Wohnort Laubegast bei Dresden war Max Bewer führend an der Anlage eines Bismarck- Ehrengartens beteiligt. 1910 trat er als Ehrengast und Festredner auf dem Bundestag des Deutschen Bismarck- Bundes, des Dachverbandes von Denkmalskomitees und Bismarck- Vereinen, in Weimar auf.[137] Zwar blieb den Antisemiten die Schützenhilfe des "Eisernen Kanzlers" verwehrt, den Kult um seine Person verstanden sie dennoch als Bühne für die

---

[137] Bismarck- Bund 8 (1910), S. 157- 160.

Verbreitung ihres Gedankengutes außerhalb der eignen Subkultur zu nutzen.[138]

In Zeichnung und Text imaginiert der Bilderbogen "Die Juden in Friedrichsruh" wie Bismarck den Juden eine Art Strafpredigt hält. Zu diesem Zweck macht sich der Bilderbogen die den Zeitgenossen aus den Medien bekannte immer gleiche Struktur einer "Huldigungsfahrt" zunutze. Es handelte sich um eine regelmäßig anlässlich Bismarcks Geburtstag praktizierte Form der Ehrung, bei der Abordnungen von Parteien, Verbänden, Vereinen, Städten, Regionen, berufsständischen Organisationen etc. in Friedrichsruh vorstellig wurden. Nach dem Absingen patriotischer Lieder, würdigte ein Sprecher der jeweiligen Abordnung Bismarcks Lebenswerk und betonte die politische Übereinstimmung der von ihm vertretenen Interessengruppe mit dem "Eisernen Kanzler", was häufig gleichbedeutend mit scharfer Kritik an der Politik des "Neuen Kurses" war. Bismarck antwortete dann in einer kurzen Ansprache, die in der Regel den Besuchern und den von ihnen vorgebrachten politischen Anliegen schmeichelte.[139]

Im Bilderbogen stattet auch der "Stamm Nimm" (die Juden) Bismarck einen Besuch ab. Ihre Abordnung hat sich im Garten des fürstlichen Schlosses versammelt. In der ersten Reihe ist die jüdische Prominenz aus Wirtschaft, Presse und Politik zu

---

[138] Vgl. Michal McGuire, Bismarck in Walhalla. The Cult of Bismarck and the politics of national identity in Imperial Germany 1890- 1915, Diss. University of Pennsylvania, Ann Arbor 1993.

[139] Den Verlauf zahlreicher Huldigungsfahrten beschreibt: Karl Wippermann (Hg.), Bismarcks 80. Geburtstag. Ein Gedenkbuch, München 1985.

sehen: In der Nähe der "Börsen- Juden" mit dem Kurszettel in der Hand steht "Mäntel- Singer", bei den "Press- Juden" Mosse (Herausgeber u.a. des Berliner Tageblatts), Sonnemann (Herausgeber der Frankfurter Zeitung), Levysohn (Chefredakteur des Berliner Tageblatts), Pindter (Chefredakteur der Norddeutschen Allgemeinen Zeitung) und der Schriftsteller Gustav Freytag, den man als "Philosemiten" vor den Karren der Wiener "Neuen Freien Presse" gespannt hat. Die betrügerischer Machenschaften bezichtigten Unternehmer und Bankiers Liebermann, Polke, Hirschfeld & Wolff, Friedländer & Sommerfeld treten aus den Reihen der Ethischen, bzw. "ekligen Gesellschaft" hervor. Ebenso anwesend sind Ahlwardts "Flinten- Löwe", Bleichröder junior und "Buschoff der Kinderfreund". Als hätte es noch eines Hinweises auf die Ritualmordlegende bedurft, erscheint eine Pietafigur auf der Wiese, die ein Kind mit durchgeschnittener Kehle auf den Armen trägt. Bis auf einige wenige "russische Juden" besteht die Menschenmenge aus assimilierten Juden, allesamt mit Anzug und Zylinder. Mitgebracht haben sie die aufgebahrte Leiche Eduard Laskers, des 1884 verstorbenen jüdischen Politikers, der die Wirtschafts- und Finanzpolitik des Reiches mitgestaltete, bevor er zum Gegner des "Reichsgründers" und seiner "konservativen Wende" wurde. Bismarck zeigt sich auf der Terrasse des Schlosses, angestrahlt von der durch den Sachsenwald auf ihn herab scheinenden Sonne. Er lauscht mit gestrenger Miene der Laudatio des Berliner Rabbiners Hirsch- Hildesheimer, der den Festzug anführt. (Abb.7)

Der Begleittext schildert den Ablauf der Huldigungsfahrt. Nachdem die Juden Aufstellung

genommen haben, hebt Hirsch- Hildesheimers Rede
in unbescheidenem Ton die wichtige Rolle seines
"Stammes" bei der Reichsgründung und der inneren
Ausgestaltung der deutschen Nation im
wirtschaftlichen, politischen und militärischem
Bereich hervor. Als "ältester Adel der Welt" seien
die Juden "die treuesten und idealsten Vorkämpfer
der deutschen Einheit" gewesen.
Die Antwort Bismarcks bestätigt das Selbstlob der
Juden nicht, sondern liefert eine mit antisemitischem
Jargon durchsetzte Generalabrechnung. Nicht aus
Sympathie mit den Juden habe er bislang zur
"Judenfrage" geschwiegen, sondern um in innen-
und außenpolitischen Kämpfen die Juden mit ihrer
Presse- und Geldmacht nicht gegen sich auf-
zubringen. Es sei ihm ein leichtes gewesen, sich "auf
Ihre Kosten mit einem neuen patriotischen Nimbus
zu umgeben, sobald ich nur, wie in der auswärtigen
Politik das Signal zum Völkerhass, so hier das
Sturmsignal zum Rassenhass hätte geben wollen."[140]
Die vorgebrachten Verdienste der Juden auf
wirtschaftlichem, politischem und militärischem
Gebiet relativiert Bismarck oder weist sie zurück.
Letztlich seien die Juden in allen gesellschaftlichen
Bereichen nur zum Schaden der Allgemeinheit tätig
geworden.
"Auf allen Gebieten des öffentlichen Lebens haben
Sie sich missliebig gemacht, die Religion des
Landes beschimpfen Sie, die Monarchie untergraben
Sie, die Landwirtschaft ruinieren Sie, Handwerk und
Gewerbe tumultuiren Sie durch Ihre Schleuder- und
Konkurswirtschaft, den privaten Wohlstand des
Landes beuten Sie aus durch Wucher und

---

[140] Politischer Bilderbogen Nr.10, 1893.

Bankbrüche, die Volksstimmung fälschen Sie durch Ihre giftige Presse, und durch Ihre lichtscheuen Ritualgebräuche beunruhigen Sie andauernd das Volksgemüth - das sind die Grundtöne im Bilde Ihrer Stammestätigkeit."[141] Was hier in Bismarcks Mund gelegt wird, hätte man in einer zeitgenössischen antisemitischen Parteizeitung finden können.

In Bilderbogen Nr.11 wird die angebliche Symbiose von Judentum und Sozialdemokratie behandelt. "Der Vater der Sozialdemokratie ist der Jude", und alle Zukunftsverheißungen von einer perfekten sozialistischen Gesellschaft seien nichts als "Kampfmittel der jüdischen Rasse gegen das kaiserliche und christliche Deutschtum."[142] Ziel sei, die Menschen zur Revolution zu verführen, aus der keine bessere Gesellschaftsordnung, sondern die Herrschaft des Judentums, eine "Judokratie", hervorgehen werde. Wie man sich die Judenherrschaft im "Zukunftsstaat" konkret vorzustellen habe, zeigt der Bilderbogen.
Das Leben spielt sich im Innenhof einer Kaserne ab, wo die Juden über Erziehung, Bildung, Arbeit, Rechtsprechung und Freizeit in einer Art "Apartheidstaat" bestimmen. Sie treiben die Menschen mit der Peitsche an, während sie selbst in Saus und Braus leben. Sie verfügen über einen eigenen Begräbnisplatz, leiten die Administration (mit achtstündiger Arbeitszeit), spielen Karten, sitzen zu Gericht, basteln sich Aktien aus der Reichs- Kasse und lassen sich nur mit den besten

---

[141] Ebd.
[142] Politischer Bilderbogen Nr.11, 1893.

Speisen bedienen. Derweil werden die Nichtjuden mit Linsen abgespeist[143], müssen unter Akkord Schwerstarbeit leisten, werden in Schule, Erziehungshaus und Volksbildung malträtiert und bestatten ihre Toten im "Massengrab für Deutsche". Zur Freizeitbeschäftigung steht ein Bordell ("Zur Frau nach Bebel") zur Verfügung, in dem Juden Vortritt haben. Hierbei handelt es sich um eine doppelte Anspielung: Zum einen auf August Bebels Buch "Die Frau und der Sozialismus", in dem der SPD- Vorsitzende die veränderte Rolle der emanzipierten Frau in einer zukünftigen sozialistischen Gesellschaft beschrieb und die in der bürgerlichen Gesellschaft des 19. Jahrhundert vorherrschenden Geschlechterrollen fundamental in Frage stellte.[144] Zum anderen wird auf das weit verbreitete Vorurteil, "der Jude" neige zu unstillbarer sexueller Triebhaftigkeit und Perversion, angespielt. Das in der Nähe befindliche Volksbad ist hingegen nur für Deutsche reserviert, was auf den Vorwurf der körperlichen und geistigen "Unreinheit" der Juden verweist. Der Begleittext weitet das Vorurteil auf die "politische Hygiene" aus: "Man hat gefunden, dass im Körper eines einzigen Cholerakranken sich ungefähr 1 1/2 Millionen Bazillen befinden, genau so viele sozial-demokratische Stimmen wurden bei der letzten Wahl im Reichskörper gezählt."[145]

Im Vordergrund erhebt sich ein Denkmal, an dessen Sockel die nichtjüdische SPD- Prominenz in Stein

---

[143] In Anspielung auf 1. Mose 25,29-34, siehe auch Bilderbogen Nr.8.

[144] August Bebel, Die Frau und der Sozialismus (1883), Bonn 1994.

[145] Politischer Bilderbogen Nr.11, 1893.

gehauen steht (Vollmar, Bebel, Liebknecht, Grillenberger, Dietz), die Spitze bildet ein Jude mit einer roten Fahne und einer Peitsche, unter ihm ist die Inschrift "Der Jud regiert die Welt" zu lesen. Zu den Vorgängen im "Zukunftsstaat" spielt eine Kapelle in orientalischem Outfit "Zukunftsmusik".

Der Begleittext ruft die Arbeiter auf, sich von der Sozialdemokratie zu lösen, die in Klassenkampf und Internationalismus nicht die Interessen der Arbeiter, sondern der Juden vertrete. Man müsse vielmehr die soziale Frage als Rassenfrage begreifen. "Es gibt nur ein einziges politisches Problem in der Welt, in dem auch die Lösung aller sozialen Fragen enthalten ist; das ist das Problem der Rasse. (...) Das männlichste, zuverlässigste, thätigste und gutmütigste Volk in der Welt ist das deutsche. Diese Rasse zu wahren, ist das höchste politische und soziale Gebot. Wohin ein Mann deutscher Rasse tritt, wird Arbeit, Ordnung und Segen verbreitet werden." Die Juden hätten hingegen als "absolutes Gegenstück zu dieser weltbewährten sozialen Tüchtigkeit der Deutschen" zu gelten. "Die erste Aufgabe einer gesunden, sozialen Politik ist, die Rasse möglichst zu erhalten und zu entwickeln (...), die jüdische Rasse im Lande möglichst auf 0,0 zu reduzieren."[146]

Bilderbogen Nr.12 hat, ähnlich wie Nr.3 und 11, eine apokalyptische Imagination der Judenherrschaft zu bieten, die diesmal stärker an christliche Vorstellungen anknüpft. Er präsentiert das Zusammenleben von Juden und Nichtjuden (= Deutschen) als "Deutschen Totentanz". Totentanzbilder versinnbildlichten seit dem 15.

---

[146] Ebd.

Jahrhundert in der christlich- abendländischen Kultur die Vergänglichkeit allen Lebens und die Gleichheit der Menschen vor dem Tod, indem sie Menschen jeden Alters und Standes zeigen, die einen Reigen mit Toten tanzen, von denen sie gepackt und weggerafft werden. In der Stunde der Heimsuchung durch den Tod, der in späteren Darstellungen häufig als Skelett mit Sense und Stundenglas auftritt, werden den Menschen ihre Sünden vorgehalten, für die sie im Fegefeuer büßen müssen.

Im Bilderbogen nehmen die Juden die Rolle des Todes, das deutsche Volk die Opferrolle ein. Dem Todeszug des deutschen Volkes schreiten ein Jude mit dem Schächtermesser und seine Ritualmordopfer (ohne Kopf) voraus. Angeführt von Bismarck zu Pferde - als einziger ohne "jüdisches Gängelband" um den Hals - folgen die Deutschen nach Ständen geordnet: Kaiser, hohe geistige Würdenträger, Juristen, Professoren, Handwerker, Künstler, Cadetten, Bauern, Arbeiter. Im Zug hervorgehoben sind prominente Gegner des Antisemitismus: Kaiser Friedrich III. (auf Krücken) mit seinem Zitat "Die Antisemiten sind die Schmach des Jahrhunderts", sowie die Professoren Rudolf Virchow und Theodor Mommsen. In einer großangelegten anthropologischen Studie hatte Virchow 1886 die Rassenzusammensetzung der Deutschen auf der Basis kraniologischer Daten (Schädelmessung) untersucht. Er stellte die These auf, dass es weder einen jüdischen noch einen germanischen Rassetypus gebe, vielmehr bildeten sich Völker durch Rassenmischung.[147] Diese für die Antisemiten ungünstigen Forschungsergebnisse werden durch den Schädel symbolisiert, den Virchow in der Zeichnung mit sich trägt. Theodor Mommsen war der Hauptgegner Treitschkes im Berliner Antisemitismusstreit und galt im Kaiserreich als Prototyp des liberalen Gelehrten.

Symbolisch für die Todesbedrohung der Nation durch die "goldene" (= kapitalistische) und "rote" (= sozialistische) Internationale des Judentums wird die am Rande des Zuges betend auf dem Boden kniende Germania von Paul Singer (mit einem Geldsack auf dem Arm) bedrängt. Er bietet ihr eine "sozialistische Ehe" an. Als Versinnbildlichung der Todesbedrohung des Christentums durch jüdischen Unglauben landet ein schwarzer Rabe, der für Unglück und Tod stehende Vogel in der abendländischen Mythologie, auf einer Marienstatue. Am Wegesrand sammelt Rickert als Drehorgelspieler für die "Judenschutztruppe". Im Hintergrund wütet die angeblich von Ostjuden eingeschleppte Cholera im Hamburger Hafen, werden Bauernfamilien von ihrem Land vertrieben, während ihre Kühe von den Juden gemolken und ihr Wald abgeholzt wird. (Abb.8)

Das gesamte Bild ist unter eine den Juden im Alten Testament gegebene Prophezeiung gestellt (5. Mose 7,16), die - aus ihrem biblischen Kontext isoliert - als Beleg für den gegen ihre "Gastvölker" gerichteten Vernichtungsauftrag herhalten muss. "Du wirst alle Völker fressen, die der Herr, dein Gott, dir geben wird. Du sollst ihrer nicht schonen

---

[147] Vgl. Kiefer, Das Problem einer „jüdischen Rasse“, S. 26- 31.

und ihren Göttern nicht dienen, denn das würde dir ein Strick sein."[148]

Der Bilderbogen stilisiert die Juden in Zeichnung und Text zur existentiellen, ja tödlichen Bedrohung des deutschen Volkes. Als Verkörperung des Bösen schlechthin, als "menschgewordener Satan", sei das Judentum nicht assimilierbar, sondern werde, als fremdes rassisches und religiöses Element, Volk und Nation schädigen. Die dennoch von einzelnen Personen und Ständen geübte Toleranz gegenüber dem Judentum schlägt beim Totentanz auf dem Sündenkonto der Nichtjuden zu Buche. Neben dem obligatorischen Appell an die nationale Kultfigur Bismarck, sich auf die Seite der Antisemiten zu stellen, bespricht der Begleittext die Position der christlichen Konfessionen zur "Judenfrage". Im Protestantismus gäbe es zu viel Liberalität, Toleranz, Philosemitismus und die Neigung, den Feind eher im ultramontanen Katholizismus als im Judentum zu sehen. Dagegen habe der Katholizismus das Potential, wie einst im Mittelalter zum Ausgangspunkt einer Volksbewegung gegen die Juden zu werden. So heißt es abschließend:

"Auf Tod und Leben stehen sich heute christlicher und jüdischer Geist in Deutschland gegenüber. (...) Mögen die katholischen Geister den Kampf gegen Juda mit der Wucht des Mittelalters wieder aufnehmen; dann wird es den Juden nicht gelingen, dem deutschen Volk zum Totentanz aufzuspielen."[149]

---

[148] Politischer Bilderbogen Nr.12, 1894.
[149] Ebd.

Bilderbogen Nr.13 befasst sich mit dem aus dem christlichen Mittelalter tradierten Ritualmordvorwurf gegen die Juden und ist bemüht, in agitatorischer Weise seine Berechtigung zu untermauern. Seit der Mitte des 12. Jahrhunderts verbreitete sich der christliche Volksglauben, dass Juden geheimen Religionsvorschriften folgend von Zeit zu Zeit christliche Knaben entführten, folterten und töteten. Dies diene dem Zweck, in verhöhnender Art und Weise die Passion Christi nachzustellen und Christenblut für religiöse Rituale zu gewinnen. Nachdem das vierte Laterankonzil 1216 die Transsubstantiationslehre festschrieb, d.h. dass in der Eucharistiefeier eine reale Verwandlung von Brot und Wein in Leib und Blut Christi stattfinde, intensivierte sich die Blutbeschuldigung. Es entwickelten sich Vorstellungen, dass die Juden Christenblut beim Backen ihrer Matzen anlässlich des Pessachfestes verwendeten, oder dass sie es zur Kompensation des Blutverlusts bei der Beschneidung benötigten. Obwohl die weltliche und geistliche Obrigkeit die Ritualmordlegende für gegenstandslos erklärten, lösten ungeklärte Kindsmorde immer wieder Vertreibungen, Pogrome und Hinrichtungen von Juden aus, die unter der Folter falsche Geständnisse ablegten. Humanismus, Aufklärung, Wissenschaftsdenken und moderne Rechtsprechung konnten seit Mitte des 16. Jahrhunderts die Ritualmordlegende zurückdrängen. Im katholischen Volksbewusstsein wurde sie aber noch lange durch die Kulte um Werner von Oberwesel und Anderl von Rinn wach gehalten.[150]

---

[150] Vgl. Rainer Erb (Hg.), Die Legende vom Ritualmord. Zur Geschichte der Blutbeschuldigung gegen Juden,

Seit Anfang des 19. Jahrhunderts wurden in ländlichen, zumeist katholischen Regionen wieder häufiger Ritualmordvorwürfe erhoben, die eine aggressive Dynamik von Vorurteilen, Gerüchten, Verdächtigungen und Verleumdungen bis hin zur Pogromstimmung nach sich ziehen konnten. 17 Fälle sind für das deutsche Kaiserreich bekannt, von denen drei (Skurz 1884, Xanten 1891, Konitz 1900) zu spektakulären Prozessen führten. Sie müssen als peinliche Zugeständnisse der Justiz an die von den Medien aufgehetzte Stimmung gewertet werden[151], denn als Belege für die Ritualmordbeschuldigungen konnten nur unglaubwürdige Zeugenaussagen vorgebracht werden. Die Fälle Xanten und Konitz wurden von antisemitischen Pressekampagnen

---

Berlin 1993; Susanna Buttaroni/ Stanislaw Musial (Hg.), Ritualmord. Legenden in der europäischen Geschichte, Wien u.a. 2003; Christoph Nonn, Ritualmordgerüchte als Form von popularem Antisemitismus - Eine katholische Spezialität?, in: Blaschke u.a. (Hg.), Katholischer Antisemitismus, S. 145- 159.

[151] In Konitz (Westpreußen) und Umgebung kam es im April und Juni 1900 zu judenfeindlichen Krawallen, nachdem die Ermittler einen christlichen Verdächtigen verhaftet hatten und Zeugen, die falsche Hinweise auf einen jüdischen Ritualmord gegeben hatten, wegen Meineid angeklagt wurden. Antisemitische Zeitungen hatten zuvor eigene "Ermittlungen" angestellt und zur Denunziation verdächtiger Juden aufgerufen, wodurch bei der Bevölkerung die Erwartungshaltung erzeugt wurde, bei dem Täter könne es sich nur um einen Juden handeln. Zum Fall Konitz vgl. Christoph Nonn, Eine Stadt sucht einen Mörder. Gerücht, Gewalt und Antisemitismus im Kaiserreich, Göttingen 2002; Helmut W. Smith, Die Geschichte des Schlachters. Mord und Antisemitismus in einer deutschen Kleinstadt, Frankfurt a.M. 2004.

begleitet, an denen sich auch seriöse christlich-konservative Zeitungen wie die katholische Germania und die protestantische Kreuzzeitung beteiligten. Bestandteil dieser Agitation war auch Nr.13 der Glößchen Bilderbogenserie. Der Bogen wurde von Antisemiten unter den Zuschauern der Prozesse im Fall Konitz verteilt.[152]

Das Hauptbild des Bilderbogens ist von einer "Blut-Tafel" umgeben, die mit dem auf die Juden gemünzten Bibelzitat "Sein Blut komme über uns und über unsere Kinder" (Matth. 27,25) eingeleitet wird. Die Tafel listet 52 Ritualmordfälle von 1071 bis 1893 auf; die Schuld der Juden wird jeweils als historisch erwiesenes Faktum dargestellt. Ausführlicher behandelt wird der Fall einer "Blutabzapfung" in Breslau 1888 - der einzige Fall einer Blutbeschuldigung, bei der ein Jude angeblich auf frischer Tat ertappt wurde. In der Tat wurde der Rabbinatskandidat Max Bernstein wegen Körperverletzung verurteilt und in die Psychiatrie eingewiesen, weil er von religiösen Wahnvor-stellungen getrieben einem christlichen Jungen Schnittverletzungen zugefügt hatte. Die Auflistung der Fälle unter besonderer Herausstreichung des Bernstein- Falls soll suggerieren, dass der Ritualmordvorwurf mehr sei als nur Aberglaube und Gerücht.

Das Hauptbild zeigt einen alten, bärtigen Juden, wohl ein Rabbiner, der einen Schüler in das "Blutgeheimniß" (so auch der Titel des Bilder-bogens) einweiht. Er hält ein Fläschchen Blut mit der Aufschrift "Xanten" in seiner rechten und ein Schächtermesser in seiner linken Hand. Auf dem

---

[152] Vgl. Groß, Ritualmordbeschuldigungen, S. 121.

Boden liegt die halb in einen Sack eingenähte Leiche eines Jungen, neben der ein mit Blut gefüllter Bottich steht. Auf einem Tisch sind noch mehr Fläschchen zu sehen, die mit Orten von "Ritualmordfällen" beschriftet sind. (Abb.9)

Der Text zum Bilderbogen versucht keine theologische Herleitung des Ritualmordvorwurfs, wie sie der umstrittene katholische Theologe August Rohling in seinem Gutachten zu einem Mordfall im ungarischen Tisza- Eszlár lieferte, indem er auf der Basis des Talmud Spekulationen über den rituellen Gebrauch des Christenblutes anstellte. Vielmehr bemüht sich Max Bewer, auf eigene "Forschungen" verweisend, um eine Verknüpfung von mittelalterlichem Blutaberglauben und moderner Rassentheorie. Er folgt dabei nicht einer streng biologistischen Logik, sondern bedient sich einer esoterischen Blutmystik. Das Blut sei ein Mikrokosmos des Lebens, der Vorgänge und Prinzipien des Makrokosmos spiegele. Der Blutfluss sei Grundlage für charakterliche, körperliche und geistige Unterschiede der Menschenrassen. Die nordische Rasse besitze edles Blut, das Gemüt, Schöpfertum, Festigkeit, Treue als Rassencharakter hervorbringe. Der nordischen Rasse stehe die jüdische Rasse diametral gegenüber, deren "verfluchtes und verrottetes Blut" Unstetigkeit, Sinnlichkeit, physische und psychische Degeneration bedinge. Anders als viele Rassentheoretiker seiner Zeit (Gobineau, Chamerlain etc.) beurteilt Bewer Rassenmischung grundsätzlich positiv. Allerdings seien die Juden dazu allenfalls aus taktischen Gründen bereit, um durch die Verheiratung einiger Töchter mit führenden Nichtjuden für philosemitische Gesinnung in

Schlüsselpositionen zu sorgen. Schon Jesus Christus habe festgestellt, dass die Juden über Taufe oder Mischehen nicht in die Familie christlicher Völker integriert werden können. Das von ihrer religiösen Überlieferung vorgeschriebene Ziel der Juden sei die Reinhaltung ihres Blutes, in ihrem Dünkel der zur Weltherrschaft bestimmte "älteste Adel der Welt" zu sein.

Auf der Basis dieser rassentheoretischen Überlegungen ergebe sich, dass die Juden Ritualmord nicht (nur) aus religiösen Gründen praktizierten, sondern das Christenblut für eine Art medizinische Therapie benötigten. Wohl in Anlehnung an den Bernstein- Fall behauptet Bewer, dass es darum gehe, der über Generationen vorkommenden Blutmischung mit Christen entgegen zu wirken. Die Konsumierung geringer Mengen Christenblutes solle quasi als Gegengift wirken, um dem Prinzip der Homöopathie folgend "Gleiches mit Gleichem" zu heilen. Dass der Blutgewinn ausgerechnet durch Kindsmord geschehen müsse, wird mit der Hilfskonstruktion erklärt, dass das Blut unter der Seelenangst des Opfers gewonnen werden müsse, um seine "heilende" Potenz zu entfalten.[153]

Max Bewers Auslassungen zur Ritualmordfrage machen deutlich, auf welches typische Problem die Gegner des Antisemitismus im wilhelminischen Kaiserreich stießen. Das Ritualmordthema wurde, wie hier im Bilderbogen Nr.13, in wissenschaftlicher Sprache behandelt und gleichzeitig in die Sphäre esoterischer Mystik enthoben, die rationaler

---

[153] Diese These vertritt Bewer in seiner Schrift "Gedanken", Dresden 1892, insb. S. 46- 54, die er im Begleittext des Bilderbogens Nr.13 ausführlich zitiert.

Argumentation nicht mehr zugänglich ist. Aufklärungsbemühungen liberaler Geister wie Rickert, Virchow und Mommsen mussten am irrationalen "Glaubenwollen" der antisemitischen Verschwörungstheoretiker wirkungslos verpuffen. Die Vernunft war eine ebenso stumpfe Waffe wie der Ruf nach dem Staatsanwalt. Trotz ausreichender Gesetzeslage nahmen die Gerichte im Kaiserreich die Juden nicht gegen die extreme antisemitische Phantasiererei eines Max Bewer in Schutz. Glöß und der Rabbiner Hirsch- Hildesheimer (siehe Nr.10) hatten nach einem heftigen Schlagabtausch in offenen Briefen gegeneinander Strafantrag wegen Beleidigung gestellt. Das Berliner Amtsgericht glaubte wohl, ein salomonisches Urteil zu fällen, indem es beiden eine Geldstrafe von 25 Mark auferlegte. Die Inhalte des Bilderbogens Nr.13 hatte das Gericht nicht in die Entscheidungsfindung einbezogen. Sie fielen unter die freie Meinungsäußerung.[154]

Ähnlich wie zuvor Nr. 3, 11 und 12 entwirft Bilderbogen Nr.14 Zukunftsszenarien. Unter dem Titel "Im 20. Jahrhundert" bietet der Bogen dem Betrachter zwei alternative Versionen der Zukunft Deutschlands - eine "Antisemitenherrschaft" in der

---

[154] Vgl. Replik des Dr. Hirsch- Hildesheimer auf das Druckwerk, welches der Buchdruckereibesitzer F.W. Glöß seiner Klagebeantwortung entgegengestellt hat, Berlin 1894; Mitteilungen 5 (1895), S. 382. Zu diesem Fall auch Maximilian Parmond, Antisemitismus und Strafrechtspflege. Zur Auslegung und Anwendung der §§ 130, 166, 185, 193, 360 des Strafgesetzbuches in höchstrichterlicher und erstinstanzlicher Praxis, Berlin (3.Aufl.) 1894, S. 38- 42.

oberen Hälfte des Bogens und eine "Juden-herrschaft" in der unteren. Der erläuternde Text behauptet, dass es mit Naturnotwendigkeit zum apokalyptischen Endkampf zwischen Deutschtum und Judentum kommen werde, denn die Weltgeschichte zeige: "Entweder die Juden gewannen die Oberleitung im Lande oder sie wurden rechtzeitig hinausgeworfen. Ein drittes gibt es nicht." Daher sind die beiden Zukunftsvisionen einander mit den Worten "entweder - oder" gegenübergestellt.

Der obere Teil des Bilderbogens zeigt Deutschland unter Kaiser Wilhelm III. Eine Volksmenge (bestehend aus Handwerkern und Bauern) jubelt dem Kaiserpaar zu, das sich auf dem Balkon des Schlosses zeigt, und begrüßt freudig, dass der Herrscher die Forderungen der Antisemiten erfüllt. Die Juden müssen ihre ergaunerten Reichtümer abliefern, einige werden vertrieben, andere an einem Galgen aufgehängt, während im Zentrum des Bildes eine Kirche im neuen Glanz erstrahlt und die Gläubigen sich zum Dankgebet versammeln.

Einen anderen Ausgang des Endkampfes zwischen Deutschtum und Judentum zeigt der untere Teil des Bilderbogens: Hier regiert Kaiser Rothschild (mit der "Reichszwiebel" in der Hand), der die Deutschen in einer Arbeiterkolonie schuften lässt, während sich das durch Masseneinwanderung verstärkte Judentum auf den Strassen vergnügt. Für die Antisemiten stehen Zuchthaus und Irrenanstalt bereit. Ahlwardt wird hingerichtet. Im Zentrum des Bildes ist nunmehr eine Synagoge zu sehen, während am rechten Bildrand eine Kirche vom jüdischen Mob verwüstet wird. (Abb.10)

Auffällig an diesem Bilderbogen ist, erstens, die unverblümte Gewaltdarstellung. Vertreibung und Pogrom werden mehr als nur angedeutet und zusätzlich mit der Drohung versehen: "Der furor teutonicus, der bisher immer nur nach außen schlug, kann auch einmal nach innen schlagen." Zweitens ist die zentrale Rolle der Kirche im imaginierten Endkampf zwischen Deutschtum und Judentum bemerkenswert. Im Begleittext wird der Antisemitismus als "besserer Kulturkampf" vorgestellt. "Denn Jude sein heißt doch im Grund nichts Anderes als Christentum leugnen und sein Wesen und Wirken im Gedächtniß der Menschheit wieder auslöschen wollen"[155], woraus gefolgert wird, dass die Überwindung konfessioneller Gegensätze und der Zusammenschluss aller Christen gegen die Juden vonnöten seien. Zentrum und katholische Kirche werden aufgefordert, sich für den Antisemitismus einzusetzen. Antisemitismus war im katholischen Milieu durchaus stark verbreitet, vor seiner unchristlichen völkisch- rassistischen Version schreckte es aber zurück. Außerdem musste sich der politische Katholizismus aus taktischen Gründen in der "Judenfrage" mäßigen. Man konnte schlecht Parität für die eigene Minderheit fordern und gleichzeitig einer anderen die Bürgerrechte streitig machen.[156]

---

[155] Alle Zitate Politischer Bilderbogen Nr.14, 1894.
[156] Vgl. Uwe Mazura, Zentrumspartei und Judenfrage 1870/71- 1933. Verfassungsstaat und Minderheitenschutz, Mainz 1994 behauptet, das Zentrum sei aus Prinzip nicht antisemitisch gewesen. Dagegen Blaschke, Katholizismus und Antisemitismus, S. 235- 260.

Bilderbogen Nr.15 thematisiert die angebliche Masseneinwanderung von Ostjuden ins Reich. Dass die übergroße Mehrheit der polnischen und russischen Juden nicht in Deutschland blieb, interessierte die Antisemiten wenig. Die Ostjuden fielen im Gegensatz zur Mehrheit der assimilierten deutschen Juden als "Fremde" optisch auf und erschienen wegen ihrer Konzentration in einzelnen Regionen und Stadtvierteln zahlreicher als sie in Wirklichkeit waren. Beides machte sie zur idealen Zielscheibe antisemitischer Propaganda.

Das Zentrum des Bilderbogens bildet eine Karikatur, in der internationale Spitzenpolitiker "Schwarzer Peter" spielen. "Der Russe" lässt ziehen und Caprivi (mit der Schlafmütze des "Deutschen Michel") zieht die Karte mit der Aufschrift "Jude". (Abb.11) Hinter der einen Spalt breit geöffneten Tür beobachtet ein russischer Jude die Szene (mit dem in Karikaturen üblichen Outfit: hoher Hut, krumme Nase, Vollbart, langer Mantel und einem Sack über der Schulter als Symbol des heimatlosen, vagabundierenden "Ewigen Juden"). Kritisiert wird also, dass die Regierung Caprivi der Einwanderung nicht mit gesetzlichen Maßnahmen begegne, sondern sich mit dem "schwarzen Peter" abfinde.

Um die zentrale Karikatur herum ist eine Bilderfolge mit erläuternden Texten gruppiert, welche dem Betrachter die Konsequenzen der ostjüdischen Einwanderung vor Augen führen soll. Im ersten Bild treibt der Zorn des russischen Zaren die Juden über die Grenze nach Deutschland, wo sie als Hunde, Hyänen und Schweine das Haus Caprivis bedrängen, der sie nicht abweist, sondern meint, "man muss sie nehmen wie sie kommen". Die beiden folgenden Bilder zeigen die Machenschaften der Juden in

Russland. Die einen machen als Wucherer Bauern und Mittelständler betrunken, um von ihnen Schuldverschreibungen einzuheimsen, während die anderen als Anarchisten und Nihilisten Bomben bauen, um Terroranschläge zu verüben. Historischer Hintergrund ist der 1881 von anarchistischen Terroristen verübte Bombenanschlag auf Zar Alexander II., für den man in der russischen Öffentlichkeit die Juden verantwortlich machte. Die u.a. dadurch ausgelösten Pogrome der 1880er Jahre veranlassten viele Juden das Zarenreich zu verlassen oder sich dem sozialistischen Untergrund anzuschließen. Unbeeindruckt durch den Terrorismusverdacht begrüßt Caprivi im nächsten Bild die Ostjuden freundlich in Berlin. Dort angekommen betätigen sie sich als Finanziers der Sozialdemokratie, peitschen unzufriedene Arbeiter zu "Mord und Totschlag" auf, betreiben einen schwunghaften Mädchenhandel, infiltrieren Militär und Schulen mit sozialistischen und anarchistischen Ideen und "verjuden" den Reichstag. Am Ende der erfolgreichen Ausbreitung der Juden in Deutschland steht die Revolution und der "Sieg des Judentums". Dementsprechend erstrahlt auf dem letzten Bild eine Synagoge in prächtigem Glanz, während Kirchen und Schlösser gesprengt werden. (Abb.11)
Der Begleittext erläutert, dass "der Jude" Geldmacht (Kapitalismus) und Arbeiterschaft (Sozialismus) in seine Hände gebracht habe, um seine Opfer "wie der Satan zu packen": "mit der einen Hand fasst er nach dem Genick, dicht unter der Krone, und mit der anderen unter das Gesäß, in den niederen Pöbel. (...) bald durch revolutionäre Stöße getrieben, bald durch

Anleihen von oben gedrückt" würden die Völker dem Judentum in die Hände fallen.[157]

Vor allem die im letzten Bild dieses Bogens aufgezeigte apokalyptische Zukunftsvision verdeutlicht, dass das Feindbild des Ostjuden als Anarchist und Revolutionär, der alle bürgerlichen Werte mit Gewalt zerstören will, älter ist als die bolschewistische Oktoberrevolution von 1917. Was als Bedrohungsszenario bereits 1894 (!) gezeichnet wurde, nahm in den Augen der Antisemiten 1917 in Russland und mit der Novemberrevolution 1918 in Deutschland Gestalt an. Die von den Nationalsozialisten so erfolgreich eingesetzten Feindbilder vom "jüdischen Bolschewisten" und der Weimarer Republik als "Judenrepublik" haben Wurzeln, die älter sind als Bolschewismus, Weimarer Republik und Nationalsozialismus selbst. Die mentale Disposition für die Wirksamkeit dieser Feindbilder musste von den Nationalsozialisten nicht erst geschaffen werden.[158]

Bilderbogen Nr.16 befasst sich mit den "Juden im Reichstag". In ihrer Neigung, überall Juden und "Judenfreunde" am Werk zu sehen, schreckten die Antisemiten nicht davor zurück, auch das oberste Parlament des Reiches als "verjudet" zu diffamieren. Dem Betrachter des Bilderbogens soll der übergroße

---

[157] Politischer Bilderbogen Nr.15, 1894.

[158] Dass es sich bei der Zusammenschau von Judentum und Bolschewismus nicht um ein überwundenes Feindbild handelt, hat 2003 die Affäre um die Rede des CDU-Bundestagsabgeordneten Martin Hohmann und das Buch Johannes Rogalla von Biberstein, "Jüdischer Bolschewismus". Mythos und Realität, Dresden 2002 gezeigt.

Einfluss der Juden durch ihre machtvolle Präsenz im Sitzungssaal verdeutlicht werden: Die Tribünen sind für Juden reserviert, die Sitzung wird von der "Judenschutztruppe" (gemeint ist der Verein zur Abwehr des Antisemitismus) überwacht, und Säcke voll "erschwindeltem und unterschlagenem Judengold" unterstellen die Käuflichkeit der Parlamentarier. Die Darstellung des parlamentarischen Halbrund und die Charakterisierung der Parteien entlang ihrer Stellung zur "Judenfrage" entspricht weitgehend der Zeichnung des Bogen Nr.1. Auf der Rechten sitzen Konservative und Antisemiten (als Reformer bezeichnet). Neben Liebermann von Sonnenberg, Oswald Zimmermann und Adolf Stoecker sind auch Böckel und Ahlwardt in ihren Reihen zu sehen, obwohl sie zu diesem Zeitpunkt bereits aus der Fraktion ausgeschlossen waren. Alle anderen Fraktionen werden als Juden und "Judenfreunde" dargestellt. Von rechts nach links: Die eigentlich antisemitischen, aber angeblich von den Juden "gekauften" "Frei- *Kohn*servativen", das Zentrum, in dessen Reihen der polnische Bischof Stablewski zu erkennen ist und ein Banner mit den Aufschriften "Die Juden sind unsere Brüder" und "Gott schütze Polen und Juden" geschwenkt wird. Die liberalen Parteien werden als "National-Miserabel" (Nationalliberale) und "Deutsch-Blödsinnig" (Deutsch- Freisinnige, siehe Nr.3) verhöhnt. Unter den Linksliberalen wird für "Juden-Diäten" geworben, und Rickert geht mit seiner Sammelbüchse für die "Judenschutztruppe" um. Ganz links sitzen die "von Juden gegründeten und geführten" Sozialdemokraten.
Es findet im Reichstag die fiktive Debatte über den Erlass eines deutschen Judenrechts statt, das die

verfassungsmäßige Gleichstellung durch brutale Diskriminierung ersetzen soll. Während die auf einem Tisch ausgebreitete Kollektion deutscher Musterjuden von Experten begutachtet wird, lässt sich der "Abgeordnete Michel" (deutscher Michel mit Zipfelmütze) am Rednerpult über die Stellung der Parteien zur Judenfrage und zum eingebrachten Judenrecht aus. Als Symbol radikaler Entschlossenheit hat Michel eine Mistgabel zum "Ausmisten" der "Judenplage" dabei. Die Darstellung des "deutschen Michel" als Redner soll suggerieren, dass die Bekämpfung der Juden nicht Sache einer Partei oder politischen Richtung, sondern des ganzen Volkes sei. Der Judenhass der Antisemiten wird zeichnerisch dem deutschen Volk in den Mund gelegt.

Mit medizinischen und biologischen Metaphern versucht der Redner, die Schädlichkeit und Gefährlichkeit der Juden zu untermauern. Der Volkskörper sei "von den Juden wie von Bazillen durchsetzt". Sie wirkten in allen Gesellschafts-bereichen zum Schaden der Nichtjuden, was große Gelehrte zu allem Zeiten erkannt hätten. Das Treitschke- Zitat "Die Juden sind unser Unglück" dient als Beleg. Anständige Juden seien ein "moralischer Lockvogel, durch den uns alle übrigen Dreckjuden als gar nicht so schlimm mit aufgeschwatzt werden sollen".

Die Diskussion der Stellung der Parteien zur Judenfrage wiederholt lediglich, was in anderen Bilderbogen der Serie und Tag für Tag in der antisemitischen Presse vernehmbar war: Alle Parteien ausgenommen die Antisemiten und die Stoecker und dem Tivoli- Programm folgenden Konservativen seinen Handlanger des Judentums.

Wie zuvor in Bogen Nr.14 ergeht auch in Michels Rede die Aufforderung an das Zentrum, sich zum Antisemitismus zu bekennen, denn Judentum und Christentum seien "tödliche Gegensätze".

Das ins Parlament eingebrachte Judenrecht umfasst laut Michel folgende Maßnahmen: Verbot der Einwanderung von Juden, Ausweisung krimineller Juden, keine Zulassung von Juden zu hoheitlichen Ämtern, Entzug des Wahlrechts, höhere Steuern für jüdische Kapitalisten, höhere Strafen für kriminelle Juden, Ausschluss der Juden vom Wehrdienst, stattdessen Zahlung einer Ersatzsteuer, Verbot des Schächtens, Ausschluss von staatlichen Schulen. Alle Maßnahmen sollen auf eine rassische Grundlage gestellt werden, so dass die Taufe den Juden keinen Zugang zu staatsbürgerlichen Rechten ermöglicht.[159] Was hier noch als antisemitische Fiktion und Träumerei daherkommt, wurde unter den Nationalsozialisten etwa 40 Jahre später tatsächlich (Un)Recht und Gesetz.

Der Bilderbogen Nr.17 (1895) stellt eine mögliche Lösung der "Judenfrage" vor, nämlich die Einschiffung aller deutschen Juden nach Ägypten. Unter der Überwachung der Polizei drängen sich die Juden am Hafen zusammen, wo sie auf Raddampfer mit gehisster Totenkopfflagge verladen werden. Aus der Menge hervorgehoben sind einzelne prominente Persönlichkeiten, die auch in anderen Bilderbogen immer wieder auftauchen: Singer, Mosse, "Flinten-Loewe", "Buschoff der Kinderfreund", die Familie Rothschild. Begleitet wird der Auszug der Juden von einem philosemitischen Posaunenchor unter der

---

[159] Alle Zitate Politischer Bilderbogen Nr.16, 1895.

Leitung von Eugen Richter. Einige Raddampfer haben bereits abgelegt. Andere Länder haben ihre Küsten gesperrt und versenken alle Schiffe, die ihnen zu Nahe kommen. In Ägypten erwartet man hingegen die Juden, um sie in die biblische Knechtschaft zurück zu führen.

Der Begleittext stellt fest, dass die Juden nur die positiven mosaischen Prophezeiungen, wie z.B. die Juden werden die Herrschaft über alle Völker erringen, wahrhaben wollten. Von den Prophezeiungen über die Diaspora und die Rückführung in die Knechtschaft wollten sie hingegen nichts wissen. Daher sei es nun an den Nichtjuden, die Aussagen der betreffenden Bibelstellen in die Praxis umzusetzen und die Juden aus Deutschland und Europa zurück in den Orient zu verfrachten. Der Lösung der "Judenfrage" solle keine "erbärmliche Sentimentalität" im Weg stehen, denn "der Jude fühlt sich ja überall in der Welt zu Hause, und so nimmt er wohl auch diese Auswanderung nicht so tragisch." Außerdem sei der Orient geeigneter für das Ausleben des jüdischen Rassecharakters, der in "Geilheit und Schacher" bestehe. Die von liberaler Seite geforderte und geförderte Assimilation habe sich als schwerer Fehler erwiesen. "Jeder, der heute noch nach der offenkundigen Rassefeindschaft der Juden von der Möglichkeit einer Assimilation spricht, ist ein Verräter an seinem Volk." Die Emanzipation beruhe auf "einem Irrthum der Deutschen und dem Betrug der Juden", weil letztere ihre Integrationsfähigkeit vorgespiegelt hätten und die Deutschen ihnen fahrlässigerweise glaubten. Die Rückführung der Juden nach Ägypten solle auf einem internationalen Kongress zur Lösung der "Judenfrage" beschlossen werden, der unter der Führung des Papstes stehen müsse, da es schließlich um nichts weniger als die Erfüllung biblischer Prophezeiungen gehe.[160]

Der Bilderbogen Nr.18 (1895) widmet sich einer Spielart der gesellschaftlichen Judenfeindschaft, die in Kur- und Ferienorten (nicht nur in Deutschland) um sich griff. Pöbeleien und Anfeindungen gegen jüdische Kurgäste häuften sich vor allem in Badeorten an Nord- und Ostsee. Der Bäder-Antisemitismus ging von nichtjüdischen Kurgästen aus. Allerdings zogen die Hoteliers und Kurverwaltungen einiger Orte nach und erklärten Hotels oder ganze Badeorte (z.B. Borkum) für "judenrein", weil ihnen der Antisemitentourismus lukrativ genug erschien, um die Handvoll jüdischer Gäste zu vergraulen. Der Bäder- Antisemitismus war kein politischer Antisemitismus mit anderen Mitteln oder ein Feldzug frustrierter Kleinbürger. Zum einen ging es um Probleme sozialer Repräsentation des wohlsituierten Bürgertums, denn jüdische Parvenüs durchkreuzten die Geltungsansprüche der etablierten nichtjüdischen Mittelschichten und verletzten durch ihre schlichte Präsenz erwünschte Standesgrenzen. Was nützte alle zur Schau Stellung von Sozial-prestige, wenn man von "jüdischen Empor-kömmlingen" übertroffen wurde? Zum anderen äußerte sich in den judenfeindlichen Pöbeleien ein "Extremismus der Mitte", der aus der Schikanierung anderer einen Volkssport der gehobenen Stände machte. Freilich schob man den Bäder-Antisemitismus den Juden selbst in die Schuhe, weil sie sich angeblich durch ihre Anmaßungen und

---

[160] Alle Zitate Politischer Bilderbogen Nr.17, 1895.

Protzerei unmöglich gemacht hätten. Doch unter die Verbalisierung von Status- und Neidkomplexen mischten sich verstärkt auch rassistische Töne, wie z.B. im Borkumlied: "Doch wer dir naht mit platten Füßen, mit Nasen krumm und Haaren kraus,/ der soll nicht diesen Strand genießen, der muss hinaus!"[161]

Der Bilderbogen Nr.18 steuert drei Bilderfolgen zu diesem Thema bei. Erstens, wie sich die Juden an der Nord- und Ostseeküste, vor allem in den von ihnen mit Vorliebe besuchten Bädern Norderney, Sylt, Rügen und Zoppot, einrichten. "Am ganzen deutschen Meeresstrand/ glaubt man sich in Hebräerland." Doch wie die zweite Bilderfolge zeigt, zieht es die Juden auch ins Gebirge: "Selbst in den reinen Alpenzonen/ sieht heute man schon Juden wohnen." Schließlich wird noch vorgeführt, wie sie sich in den Kurbädern tummeln. Der Schwerpunkt der Judendarstellung liegt nicht auf den Aspekten Parvenü und Prahlerei, sondern fährt eher die rassistische Schiene. So heißt es z.B.: "Doch ob sie baden warm, ob kalt,/ es bleibt die jüdische Gestalt" und diese wird mit dem vollen Repertoire der Stereotype (Hakennase, Plattfüße, Fettleibigkeit, krauses Haar usw.) ausgemalt. Die Unterschrift zum letzten Bild, in dem ein Hotelier eine jüdische Familie abweist, zieht die Konsequenz: "Lasst drum sie nicht so frei sich rekeln/ bis sie das ganze Land verekeln!/ Macht es wie dieser brave Mann,/ der keine Juden leiden kann."

Der Begleittext spricht noch einige Empfehlungen aus, wie man jüdische Kurgäste vergraulen kann.

---

[161] Vgl. Bajohr, Unser Hotel ist judenfrei, Borkumlied S. 14.

Z.B. "durch Petitionen an die Kurverwaltungen, durch Aufrufe in der Presse, durch demonstrativen Besuch judenreiner Hotels, durch öffentliche Zurechtweisung jüdischer Gäste, durch sichtbare Lektüre antisemitischer Schriften und Zeitungen."[162]

Nr.19 (1896) bemüht sich einmal mehr, Antisemitismus und Bismarck- Kult zusammen zu bringen. Gezeigt wird eine Huldigungsfahrt der Handwerker, deren Abordnung sich im Halbkreis um das Friedrichsruher Schloss versammelt hat. Auf Spruchtafeln machen sie ihrem Ärger gegen die Juden Luft: "Wir Schuster denken beim Versohlen,/ der Deuwel soll die Juden holen." oder "Kein Handwerker ward Millionär,/ der Judenjobber aber sehr." Einige Juden haben sich vor dem Zaun des Gartens eingefunden und bieten Kredite an, verkaufen Stiefel, Hüte, Pelzmäntel und Caprivi-Büsten zu Schleuderpreisen. Sie werden von Bismarcks Hund Tyras angegriffen. Bismarck selbst zeigt sich auf der Terrasse und zerreißt ein Dokument mit der Aufschrift "Juden-emanzipation".[163]
Der Begleittext besteht aus einer langen (fiktiven) Rede Bismarcks gegen den Wirtschaftsliberalismus, in der die Handwerker zur gezielteren und machtvolleren Organisation ihrer Interessen ermutigt werden. Bei Stichworten wie Preisverfall, Konkurrenzdruck, Massenproduktion, minder-wertige Qualität, sozialdemokratische Bedrohung kommt von den Handwerkern der Zwischenruf "Juden". Dies soll wohl zeigen, dass Bismarck,

---

[162] Alle Zitate Politischer Bilderbogen Nr.18, 1895.
[163] Alle Zitate Politischer Bilderbogen Nr.19, 1896.

selbst wenn er sich zur Judenfrage nicht konkret äußerte, stets das meinte, was die Antisemiten in personalisierter Form sagten. Allerdings lässt sich diese Deutung auch umdrehen, so dass sich eine geradezu peinliche Selbstentlarvung antisemitischer Agitation ergibt: Anonyme Gefährdungen werden auf eine konkrete gesellschaftliche Gruppe projiziert. Es wäre genauso gut möglich, die Interessen des Handwerks zu vertreten, ohne über die Juden auch nur ein Wort zu verlieren!

Nr.20 bezeichnet die Juden als "Der Teufel in Deutschland" und bemüht sich darum, die "jüdische Verderbtheit" als Konstante der Weltgeschichte von biblischen Zeiten bis zur Gegenwart zu konstruieren. Der Bilderbogen ist wie andere zuvor mit der alttestamentarischen Prophezeiung überschrieben: "Du wirst alle Völker fressen und sollst ihrer nicht schonen." (5. Mose 7,16) Im Zentrum ist ein größeres Bild zu sehen, das ein biblisches Motiv zeigt: Jesus predigt den Juden, die sich dazu anschicken, Steine auf ihn zu werfen. Darunter ist die entsprechende Textstelle aus dem Johannes-Evangelium gedruckt: "Ich rede, was ich von meinem Vater gesehen habe; so tut ihr, was ihr von eurem Vater gesehen habt. Ihr seid von dem Vater dem Teufel und nach eures Vaters Lust wollt ihr tun. Derselbe ist ein Mörder von Anfang... und ein Lügner und ein Vater der Lüge; wer von Gott ist, der höret Gottes Wort: darum höret ihr nicht, denn ihr seid nicht von Gott... Da hoben sie Steine auf, dass sie ihn würfen." (Joh. 8, 44,59) Um dieses Bild gruppieren sich 10 mit einem Kurztitel versehene Szenen, in denen das Verhältnis von Juden und Nichtjuden in der Gegenwart als Täter- Opfer-

Beziehung durchgespielt wird. (Abb.12) Viele der in Nr.20 nur angedeuteten Themen verweisen auf ausführlichere Betrachtungen in vorhergehenden oder folgenden Bilderbogen:

1. Juden und Mädchen: Gezeigt wird das brutale Vorgehen einer jüdischen Mädchenhändlerbande, die junge Frauen wie Vieh in den Orient und nach Argentinien verkauft. Der Vorwurf, vor allem Ostjuden seinen in dieser Sparte der organisierten Kriminalität überdurchschnittlich aktiv, war nicht völlig aus der Luft gegriffen. Dass die massive Diskriminierung in Russland die Juden in die Kriminalität drängte und dass die Opfer der Mädchenhändler in der Regel Jüdinnen waren, interessierte die Antisemiten allerdings wenig.[164]

2. Juden und Patienten: Eine Frau verlässt weinend die Praxis eines jüdischen Frauenarztes. Hintergrund dieser Darstellung ist, erstens, ein im 19. Jahrhundert noch sehr weit verbreitetes angst- und vorurteilsbehaftetes Bild des Arztes und der modernen Medizin, das seine Wurzeln im mittelalterlichen Volksglauben hatte. So gab es z.B. eine Bewegung, die gegen die Einführung des Impfzwangs mobilisierte. Vor der Injektion, als neumodischer Eingriff in die körperliche Integrität, fürchteten sich viele Menschen mehr als vor den Pocken. Da Juden im Arztberuf überrepräsentiert waren, fiel es den Antisemiten leicht, die Ängste der Menschen gegenüber der modernen Medizin auf die Juden zu lenken.[165] Zweitens wird, dadurch dass es

---

[164] Vgl. Zumbini, Die Wurzeln des Bösen, S. 546ff.

[165] Vgl. Hödl, Die Pathologisierung des jüdischen Körpers, S. 68f; Nicoline Hortzitz, Der Judenarzt. Historische und sprachliche Untersuchungen zur Diskriminierung eines Berufsstands in der Frühen Neuzeit, Heidelberg 1994.

sich um einen Frauenarzt handelt, auf die angebliche Neigung der Juden zu sexueller Perversion angespielt, die sich in diesem Fall mit ihrem Engagement in der modernen Medizin verbindet.

3. Juden und Kinder: zeigt, wie ein Jude ein christliches Kind entführt. Dass dies zum Zweck des Ritualmordes geschehe, brauchte dem zeitgenössischen Betrachter nicht angedeutet werden. Andere Bilderbogen der Glößschen Serie befassten sich ausführlicher mit diesem Thema. (insbesondere Nr.13)

4. Juden und Christen: Dieses Bild erhebt die vermeintliche sozioökonomische Bedrohung des deutschen Mittelstandes durch die Juden zur Todesbedrohung. Ein Jude schaut verächtlich über die Mauer des jüdischen Millionärsfriedhofs auf den benachbarten christlichen Friedhof, wo Handwerker und Bauern in Massengräbern bestattet sind.

5. Juden und Sozialdemokraten: Jüdische Agitatoren halten aufwiegelnde Reden in einer Arbeiterversammlung und verteilen Pamphlete. Die Sozialdemokratie als jüdisch unterwandert oder gar als jüdische Erfindung vorzustellen gehörte, wie bereits gezeigt, zum Standartrepertoire der Politischen Bilderbogen. (siehe Nr.11, 24)

6. Juden an der Börse: Jüdische Börsianer schwatzen ihren Kunden zwielichtige Aktien auf. Börsentätigkeit als Teil des die Allgemeinheit schädigenden sozioökonomischen Verhaltens der Juden zählte zu den Dauerbrennern antisemitischer Agitation. (siehe Nr.5)

7. Juden und Offiziere: Juden versuchen, auf einem Kasernenhof Kreditgeschäfte mit Offizieren zu machen. In antisemitischen Kreisen vermutete man, dass jüdische Wucherer bewusst versuchten,

Offiziere in ihre finanzielle Abhängigkeit zu bringen als Strategie, einen Gesellschaftsbereich zu unterwandern, der ihnen auch nach der formalrechtlichen Emanzipation verschlossen geblieben war. Bis zum Ersten Weltkrieg herrschte zumindest im preußischen Militär die stillschweigende Übereinkunft, das Offizierskorps "judenrein" zu halten.

8. Juden und Studenten: Ein Student, der Selbstmord begangen hat - die Pistole hält er noch in der Hand - wird von seiner Familie beweint, während ein Jude herantritt und auf einen Schuldschein des Toten verweist. Ausbeutung, Geldgier und Pietätlosigkeit werden den Juden in dieser Szene unterstellt.

9. Juden und Handwerker: Die materielle und sexuelle Ausbeutung von Abhängigkeitsverhältnissen zeigt das nächste Bild an Hand der Zustände in einem jüdischen Handwerksbetrieb. Während ein Jude die Arbeiter mit einer Peitsche antreibt, vergreift sich der Chef an einer Näherin.

10. Juden und Bauern: Ein jüdischer "Güterschlächter" pfändet Haus und Vieh einer Bauernfamilie. Die Folgen der langfristigen Strukturkrise der Landwirtschaft jüdischen Händlern und Kreditgebern anzulasten, war, wie bereits dargelegt, vor allem in Hessen ein politisches Erfolgsrezept der Antisemiten und stellte ein wiederkehrendes Motiv in Glöß' Politischen Bilderbogen. Das hier gezeigte Bild wurde in Nr.22 wiederverwertet.

Der Begleittext erläutert diesmal nicht die Bilder, sondern stellt die These auf, dass sich der Teufel in der Negation des göttlichen Wesens manifestiere. Den aus dem Katechismus entnommenen Eigenschaften Gottes (gütig, allweise, allmächtig, getreu, barmherzig etc.) wird das jüdische Wesen gegenübergestellt, das sich durch die jeweils genau gegenteiligen Eigenschaften auszeichne und somit diabolischer Natur sei.[166]

Die Botschaft des Bogens Nr.20 ist genauso einfach wie radikal: Die Präsenz der Juden in der christlichen Gesellschaft läuft auf ein diabolisches Zersetzungs- und Zerstörungswerk hinaus - schließlich habe Jesus Christus höchstpersönlich den Teufel als Vater der Juden erkannt. Aufgegriffen wird hier die in der mittelalterlichen Volksfrömmigkeit weit verbreitete Vorstellung vom Bündnis der Juden mit satanischen Mächten.[167] Damit die antisemitische Auslegung der Stelle im Johannes- Evangelium, die schon im Mittelalter zur "Verteufelung" der Juden herhalten musste, nicht entgegengehalten werden kann, dass Jesus selbst Jude war, werden ihm in der Darstellung "germanische" Züge verliehen, die ihn optisch von den anderen Personen klar abheben. Schließlich war Jesus in Max Bewers krudem Weltbild "Arier" und Antisemit. Der Bilderbogen Nr.20 kann als eindrucksvoller Beleg angeführt werden, dass im modernen Antisemitismus uralte religiös motivierte Judenfeindschaft nicht einfach von rassentheoretischen Vorstellungen abgelöst wurde, sondern dass beide Motive in Mischung auftreten konnten.

Ab Nr.21 (1895) ist ein Wandel in der zeichnerischen Gestaltung der Bilderbogen zu beobachten. Die comicartigen Bilderfolgen oder

---

[166] Mit dem Nachweis der "diabolischen Natur" der Juden befasst sich auch Bewer, Gedanken, S. 196- 215.
[167] Vgl. Rohrbacher/ Schmidt, Judenbilder, S. 151ff.

dezentral organisierten Zeichnungen mit wuseligen Menschenmassen wurden durch großformatige Kreidelithographien abgelöst. Ziel dürfte die Optimierung der propagandistischen Wirkung gewesen sein, denn die Reduktion auf ein Großbild erlaubte die Nutzung als Propagandaplakat. Der Abdruck umfangreicher Begleittexte auf der Rückseite wurde hingegen beibehalten.[168]

Bilderbogen Nr.21 widmet sich der Bismarck-Verehrung, auf judenfeindliche Botschaften wird auch diesmal nicht völlig verzichtet. Bild und Text greifen die Affäre um den Rückversicherungsvertrag mit Russland auf, auf dessen Verlängerung die Regierung Caprivi verzichtet hatte, mit der Argumentation, dass eine Verlängerung das Bündnis mit Österreich- Ungarn, Russlands Konkurrent auf dem Balkan, gefährdet hätte. Das Bismarcksche Bündnissystem war damit ausgehebelt und musste einer riskanten "Politik der freien Hand" weichen, bei der als einziger Partner die krisengeschüttelte Habsburgermonarchie übrig blieb. Bismarck reagierte auf diesen Kurswechsel brüskiert und veröffentlichte den Text des Rückversicherungs-vertrags, um zu beweisen, dass er keine Provokationen gegen Österreich enthalte. Die liberale und sozialdemokratische Presse bezichtigte ihn daraufhin des Landesverrats.[169] Der Bilderbogen hat sich eine Gerichtsverhandlung ausgedacht, die diesen Vorwurf zum Gegenstand hat. Als Zeugen der Anklage treten Richter, Liebknecht und Caprivi

---

[168] Vgl. Haibl, Zerrbild als Stereotyp, S. 230.
[169] Vgl. Hank, Kanzler ohne Amt, S. 430- 446; Hamburger Nachrichten 1.11.1896.

auf. Die ersten beiden - auf dem Bild mit geifernden "jüdischen Gesichtszügen" dargestellt - verweisen auf die sensationellen Enthüllungen in ihrer Presse, der "Judenpresse". Bismarck antwortet mit einer langen Verteidigungsrede: Alle seine Handlungen seien der Einheit und dem Wohl der Nation gewidmet gewesen, wenn die "Reichsfeinde" darin Verrat witterten, sei ihm das gleichgültig. Schließlich wird Bismarck vom Gericht freigesprochen und von der Volksmasse gefeiert.[170]

Angriffspunkt dieses Bilderbogens ist die liberale und sozialistische Presse, deren Enthüllungsjournalismus nicht davor zurückschrecke, eine nationale Symbolfigur wie Bismarck anzugreifen. Hintermänner dieser Presse seien die Juden, da waren sich die Antisemiten mit allen Gegnern von Liberalismus und Sozialismus einig.

Der Bilderbogen "Der Bauernfeind" (Nr.22, 1897) zeigt auf einem Großbild einen jüdischen "Güterschlächter" bei der Arbeit. Er lässt einer verzweifelten Bauernfamilie die letzte Kuh aus dem Stall pfänden, während sich auf dem Bauernhaus bereits der "Hypothkenteufel" eingenistet hat. (Abb.13) Die Pfändung der letzten Kuh war durch die Agitation Otto Böckels geradezu zu einer archetypischen Vorstellung vom jüdischen Wucher auf dem Lande geronnen.

Der Begleittext preist das Bauerntum als Stütze des Staates und Bollwerk gegen die Sozialdemokratie. Der Jude sei der schlimmste Feind der Bauern, weil er diese Stütze des Staates proletarisieren und der revolutionären Sozialdemokratie zuführen wolle.

---

[170] Politischer Bilderbogen Nr.21, 1897.

Außerdem stehe der Jude in einem natürlichen Gegensatz zum Bauerntum, weil er selbst nicht zu körperlicher Arbeit fähig und willig sei und die landwirtschaftliche Produktion nur als Quelle für Handel und Kreditwucher begreife. Zum "Beweis" dafür wird eine umfangreiche Zitatensammlung aus Max Bewers eigenen Schriften und von prominenten Geistern wie Napoleon, Friedrich der Große, Goethe, Herder, Luther u.a. angeführt.[171] Entnommen sind diese Zitate höchstwahrscheinlich aus Theodor Fritschs "Antisemitenkatechismus", der seit 1887 judenfeindliche Äußerungen prominenter Persönlichkeiten aus Geschichte und Gegenwart als schnell verfügbare "Argumentationsmunition" zusammenstellte.

Kaiser Wilhelm II. hatte, besorgt über den um sich greifenden Bismarck- Kult, seinen Großvater zu Kaiser Wilhelm dem Großen erhoben und Bismarck zu seinem "Handlanger" zurückgestuft.[172] Das konnte Max Bewer als fanatischter aller Bismarck- Apologeten nicht kommentarlos hinnehmen und widmete Bilderbogen Nr.23 (1897) diesem erinnerungspolitischen Thema. Er zeigt wie der zögerliche Wilhelm I. (mit der Abdankungsurkunde in der Hand) von Bismarck an die Hand genommen und zur deutschen Einheit, symbolisiert durch das Niederwalddenkmal und die aufgehende Sonne am oberen linken Bildrand, geführt wird. Als zu überwindendes Hindernis tut sich vor den beiden ein

---

[171] Politischer Bilderbogen Nr.22, 1897.
[172] In einer Rede vor dem brandenburgischen Provinziallandtag vom 26.2.1897. Vgl. Schultheß 1897, S. 56ff.

Fels mit Orten der Entscheidungsschlachten der Einigungskriege (Düppel, Königgrätz, Sedan) auf. Außerdem lauern auf dem Weg gefährliche Schlangen, die sich dem Betrachter als deutsche Zwietracht, Frankreich, Anarchie, Polen, Socialdemokratie, Börse vorstellen. Weitere Hindernisse auf dem Weg zur nationalen Einheit werden in der Umrahmung des Bildes genannt, darunter die Attentate auf Wilhelm I. (Hoedel, Nobiling) und Biamrck (Kullmann und Blind Cohen, der auch als Schlange an Bismarcks Fuß auftaucht), sowie das unter die "Reichsfeinde" eingereihte Judentum. Der Begleittext warnt vor einer Trübung des nationalen Selbstbewusstseins der Deutschen, die eintreten werde, wenn man Bismarck eine angemessene Würdigung versage. Zitate aus Briefen Wilhelms I. an Bismarck sollen das durch Wilhelm II. verschobene Geschichtsbild zurechtrücken.[173]

Der Titel des Bilderbogens Nr.24, "Falsche Freunde", ist auf das Verhältnis von Arbeiterschaft und Judentum gemünzt. Das Großbild zeigt, wie jüdische Politiker auf einer Arbeiterversammlung mit Reden, Flugblättern und Zeitungen gegen Kaiser und Reich hetzen. Die Agitatoren sind mit Teufelshörnern versehen, um über den diabolischen Charakter ihrer Tätigkeit keinen Zweifel aufkommen zu lassen. Der Begleittext unterstellt, dass das Judentum die sozialistische Arbeiterbewegung - gegründet von den Juden Marx und Lassalle - zur Erringung der Herrschaft über das deutsche Volk instrumentalisiere. Für die Utopie von der sozialistischen Zukunftsgesellschaft sollten die

---

[173] Politische Bilderbogen Nr.23, 1897.

Menschen Familie, Eigentum und Vaterland aufgeben. Das Judentum selbst bringe aber diese Opfer nicht und könne sich somit zur Herrschaft über die Völker aufschwingen. Wie man sich den jüdisch- sozialistischen Zukunftsstaat konkret vorzustellen habe wurde bereits von Nr.11 der Bilderbogenserie behandelt. Als Schlussfolgerung wird gezogen, dass die Bekämpfung der SPD nur durch die Bekämpfung ihrer jüdischen Führer erfolgreich sein könne. "Die sozialdemokratische Frage ist zum allergrößten Teil Judenfrage."[174]

Die Symbiose von Sozialdemokratie und Judentum war ein Produkt der antisemitischen Phantasie. Zwar bewirkten Bismarcks "konservative Wende", die Spaltung der Nationalliberalen Partei und das Anwachsen des Antisemitismus seit Ende der 1870er Jahre einen Linksruck in der politischen Orientierung der Juden. Von ihm profitierten die Linksliberalen aber ungleich stärker als die SPD. Anfang des 20. Jahrhunderts stimmten 16 bis 19% aller wahlberechtigten Juden für die SPD, aber über 60% für linksliberale Parteien.[175] Damit hatte die SPD nicht einmal den Anteil der Arbeiter und Angestellten unter der jüdischen Erwerbsbevölkerung ausgeschöpft. Bemerkbar machte sich allerdings, dass die weitgehend antisemitismusfreie SPD größere Entfaltungsmöglichkeiten für jüdische Politiker bot als die bürgerlichen Parteien, die auf Ressentiments in ihrer Wählerklientel Rücksicht nehmen mussten. So kann es nicht verwundern, dass

---

[174] Politischer Bilderbogen Nr.24, 1897. Zum Thema Juden und Sozialdemokratie finden sich im Begleittext des Bilderbogens Zitate aus und Verweise auf Bewers "Bismarck und der Kaiser", S. 63- 97.

[175] Vgl. Toury, Politische Orientierungen, S. 275.

jüdische Sozialdemokraten, wie z.B. der in den Bilderbogen ständig attackierte Paul Singer, wesentlich leichter Reichstagsmandate und höhere Parteiämter erreichen konnten. Zwischen 1893 und 1918 saßen für die SPD 17 Juden im Reichstag, alle anderen Parteien zusammengenommen brachten es nur auf 9.[176] Nimmt man den Anteil der Juden am deutschen Bildungsbürgertum und an den freien Berufen als Bezugsgröße (denn die Mehrzahl der Politiker rekrutierte sich aus diesen Schichten), dann war der Judenanteil in der SPD- Spitze nicht überdurchschnittlich, sondern in den anderen Parteien unterdurchschnittlich. Die "Verjudung" der Sozialdemokratie, bzw. ihrer Führung ist ein Propagandamärchen, dessen Popularität parallel zum Aufstieg der SPD zur proletarischen Massenpartei verlief. Zwischen dem Auslaufen des Sozialisten- gesetzes 1890 und der letzten Reichstagswahl 1912 verdreifachte die SPD ihre Wählerschaft von 1,4 (= 19,7% Stimmenanteil und 35 Sitze) auf 4,2 Millionen (= 34,8% Stimmenanteil und 110 Sitze).[177] Wollte man die Partei weiter diskriminieren und isolieren, so traf dies nun nicht mehr nur eine Handvoll Sozialisten wie noch in den 1870er Jahren, sondern einen Großteil der deutschen (protestantischen) Arbeiterschaft. Anstatt die unbequemen Realitäten von Klassengesellschaft und sozialer Frage als Erklärungen heranzuziehen, gaben sich viele Politiker im "nationalen Lager" und auch im Zentrum der Verschwörungstheorie hin, die

---

[176] Vgl. Hamburger, Juden im öffentlichen Leben, S. 252- 254.

[177] Vgl. Gerhard A. Ritter (Hg.), Wahlgeschichtliches Arbeitsbuch. Materialien zur Statistik des Kaiserreichs 1871- 1918, München 1980, S. 40- 42.

Arbeiter seien von Juden verführt worden, "reichs-
feindlich" zu wählen. Diese Verschwörungstheorie
hatte den praktischen Effekt, dass sie ein
Hinterfragen der eigenen defizitären politischen
Angebote an die Arbeiterschaft nicht erforderte.

Bilderbogen Nr.25 (1898) greift ein Bismarck- Zitat
auf. Der Exkanzler hatte das Verhältnis von
Produzenten und Konsumenten landwirtschaftlicher
Produkte mit demjenigen von "Bienen und Drohnen"
verglichen. Die Konsumenten seien nur an niedrigen
Preisen interessiert, während es ihnen gleichgültig
sei, ob die Bauern vom Ertrag ihrer harten Arbeit
überhaupt noch leben können.[178] Im Bilderbogen
wird das Vaterland als Bienenstock dargestellt, auf
dem ein großes Bismarckbild mit der Umschrift
"Vater und Hüter des Vaterlands" prangt. Bienen
und Drohnen umschwirren das Vaterland und
bekämpfen sich gegenseitig, wobei die Bienen alle
produktiven Stände und deutschen Tugenden
symbolisieren sollen, so u.a. Militär, Flotte, Bauern,
Handwerker, deutscher Fleiß. Hinzu tritt eine
rassische Kennzeichnung, indem den Gesichtszügen
der "Bienen" das Idealbild des arischen Menschen
(langschädelig, blond etc.) verliehen wird.
Demgegenüber sind die Drohnen mit "jüdischen"
Zügen versehen und repräsentieren die Gefahren der
Moderne, d.h. Sozialdemokratie, Börse, Wucher,
faule Actien, Theater usw. Der Begleittext
unterstreicht nochmals, dass die Juden zu keiner
produktiven Arbeit fähig seien, sondern als
Initiatoren und Förderer aller zersetzenden

---

[178] So z.B. in seiner Rede vor einer Abordnung des BdL
am 9.6.1895. Vgl. GW, Bd.13, S. 609- 612.

Tendenzen im Bienenstock des Vaterlands tätig würden.

Die Verknüpfung von Flottenbauprogramm und Antisemitismus in Nr.26 (1898) stellt ein neues Motiv der Glößschen Bilderbogenserie dar. Das Großbild zeigt das Auslaufen eines Wikingerschiffs, das mit Seilen und Haken vom Ufer aus zurückgehalten wird. Die "Flottenfeinde" werden politisch Zentrum, Freisinn und Sozialdemokratie zugeordnet, dargestellt sind sie fast alle als Juden. Dazu erläutert der Begleittext, das Zentrum sei gegen die Flotte, weil es die Kirche über die Nation stelle[179], der Freisinn, weil er die hohen Militärausgaben bekämpfe und die SPD, weil sie von Juden geleitet werde. Die Juden wiederum seien aus Angst vor einer mit der Flottenrüstung einhergehenden nationalen Erhebung, die ihre Deportation zur Folge haben könnte, gegen die Flotte. Angeblich fürchteten sie die Prophezeiung Mosis: "Und der Herr wird dich mit Schiffen voll wieder in Ägypten führen, und ihr werdet daselbst euren Feinden zu Knechten und Mägden verkauft werden, und wird kein Käufer da sein..." (5. Mose 28,68)
Die Konstruktion einer Verknüpfung von Flottenbau und Antisemitismus in Wort und Bild muss als eine aus den Fingern gesogene Anbiederung an eine populäre Bewegung interpretiert werden. Der Flottenverein wurde 1898 als halbstaatliche

---

[179] Um dagegen die Vereinbarkeit von katholischem Christentum und völkischem Nationalismus zu belegen, führt Bewer ein langes Zitat aus seiner Schrift "Der Papst in Friedrichsruh", Dresden 1897 an.

Propagandaorganisation gegründet und mobilisierte
bis 1914 ca. 300.000 Mitglieder. Er sorgte dafür,
dass der von Kaiser Wilhelm II. gewünschte
Flottenbau von echter patriotischer Begeisterung
getragen wurde, obwohl die Kosten immens, der
militärische Nutzen zweifelhaft und das Risiko
außenpolitischer Isolation unkalkulierbar waren. Mit
der "Judenfrage" hatte dies alles rein gar nichts zu
tun. Die Unterstellung, dass die entschiedensten
Flottenbefürworter Antisemiten und die
entschiedensten Flottengegner Juden seien,
entspricht nicht der Wahrheit. Zum einen zählten
auch viele Agrarier (Konservative, BdL) zu den
Gegnern der Flottenrüstung, weil sie dem
Fernhandel diene und somit agrarprotektionistische
Interessen bedrohe. Zum anderen befand sich unter
den potentesten und einflussreichsten Förderern des
Flottenbauprogramms und des Flottenvereins der
Generaldirektor der HAPAG, Albert Ballin - ein
Jude.[180]

Bilderbogen Nr.27 (1898) ist König Albert von
Sachsen (1828- 1902, reg. 1873- 1902) anlässlich
seines 70. Geburtstags gewidmet. Das Bild zeigt vor
dem Hintergrund des Dresdner Zwingers König
Albert vor seinem Thron, gefeiert von Abordnungen
seiner Untertanen. Allerdings nähert sich auch der
"sozialdemokratische Lindwurm", der mit Namen
jüdischer Sozialistenführer (Marx, Lassalle etc.)
beschriftet ist, bedrohlich seinem Thron. Die
beigefügten Gedichte wissen aber zur Beruhigung

---

[180] Vgl. Lamar Cecil, Albert Ballin. Wirtschaft und Politik
im deutschen Kaiserreich 1888- 1918, Hamburg 1969, S.
139ff.

vorzubringen, dass die SPD keine Erfindung der sächsischen Landeskinder sei, vielmehr stecke "ein Volk aus fremdem altverfluchtem Land" (d.h. die Juden) dahinter. Die Gleichheitsideologie der Sozialdemokraten sei nur vorgeschoben, um nach dem Sturz der Monarchie die Judenherrschaft zu errichten. "Denn ist erst alles gleich geworden,/ und kam der letzte Thron zu Fall/ Verschwand, was ritterlich und edel/ Und vornehm war auf dieser Welt,/ Dann ist es einzig nur der Jude,/ der noch aufs Auserwähltsein hält!/ Dann aus der stumpf gewordenen Masse/ tritt er die Weltenherrschaft an, Wie ihr im Alten Testament/ An mancher Stelle lesen könnt."[181] (siehe auch Nr.11, 24)

Das sächsische Königshaus hielt sich über den in seinem Land grassierenden Antisemitismus bedeckt und konnte sich, anders als die meisten deutschen Fürstenhäuser, nicht zu einer Verurteilung dieser Umtriebe durchringen. Stattdessen pflegte man geheime Sympathien - Bewers Schriften kursierten auch im sächsischen Königshaus.

An die Stelle der unerfüllten Hoffnung auf ein Eintreten Bismarcks zugunsten des Antisemitismus (der Reichsgründer starb am 30. Juni 1898) tritt im Bilderbogen "Ein Zukunftsbild" der Traum von einem zukünftigen antisemitischen Monarchen. Hielt in Bogen Nr.10 noch Bismarck den Vertretern des Judentums eine Strafpredigt, tut dies in Nr.28 ein zukünftiger Hohenzollernkaiser. Bewer traute sich offenbar nicht, den Antisemitismus dem amtierenden deutschen Kaiser Wilhelm II. in den Mund zu legen, obwohl dieser zeitweilig unter dem

---

[181] Politischer Bilderbogen Nr.27, 1898.

Einfluss Stoeckers stand und gelegentlich auf die Juden zu schimpfen pflegte.

Auf der linken Seite des Großbildes ist der Zukunftskaiser in Uniform zu sehen. Während über ihm der deutsche Adler wacht, kreist über der sich von der rechten Seite nahenden jüdischen Delegation ein Geier. Der Begleittext rechtfertigt das "Zukunftsbild" damit, dass sich der deutsche Nationalismus bislang zu sehr an einer glorreichen Vergangenheit orientiert, die Entwicklung von Zukunftsutopien aber den sozialistischen "Reichsfeinden" überlassen habe.

"Es ist dringend an der Zeit, in der Phantasie des Volkes die Zukunftsbilder der Sozialdemokratie durch andere zu verdrängen, die nicht sozialistisch, sondern monarchistisch, nicht demokratisch, sondern deutscharistokratisch, nicht utopisch, sondern historisch, nicht revolutionär, sondern konservativ, nicht international, sondern durchaus heimatlich sind."[182]

Im Folgenden gibt der Begleittext die ausgedachte antisemitische Brandrede des zukünftigen Kaisers wieder: Viele Fremde seien "mit ihrem Gut und Blut in das deutsche Leben ein- und aufgegangen.", mit den Juden sei dies trotz über 2.000 jährigen Versuchen nicht möglich. Die Eigenart jüdischer Religion und Rasse, über parasitäre Unterwanderung die Herrschaft über die "Wirtsvölker" erlangen zu wollen, könne nicht länger hingenommen werden. Die Berechtigung zum aggressiven Vorgehen gegen das Judentum gebe der Überlegenheitsanspruch der christlichen Religion. Die Juden seien nicht mehr das "auserwähltes Volk" des Alten Testaments.

---

[182] Politischer Bilderbogen Nr.28, 1898.

Schließlich habe ihnen Jesus Christus prophezeit: "Wahrlich, ich sage euch, das Reich Gottes wird von euch genommen und einem anderen Volk gegeben werden, das seine Früchte hervorbringt." (Matth. 21,43) Der Kampf gegen das Judentum sei eine "heilige Verpflichtung", zu deren Ausführung Gott das deutsche Volk ausersehen habe. Schließlich werden noch die ewig gleichen Vorwürfe gegen die Juden von Ausbeutung und Unterwanderung vorgetragen: "Ich selbst aber will mich jedes armen Bauern erinnern, den Sie dereinst von seinem Erbhof vertrieben, der Handwerker, die Sie ruinierten, und der zahllosen jungen Offiziere, die Sie in ihrer Leichtgläubigkeit bis zum Selbstmord trieben! (...) überall wo Sie auftauchten, ist deutsche Werkthätigkeit zerstört worden und Ihr unnützes Parasitentum aufgeblüht. (...) Sie sind es ja auch, die das sozialdemokratische Revolutionskorn in den deutschen Boden gesenkt haben, das heute noch an meinem Thron emporschießt" usw. Und so schließt der Kaiser seine Strafpredigt mit dem Gelöbnis: "Ich aber will geloben, dass, wenn die Prophezeiungen über den vollen Sieg des Christentums über Ihr Volk in Erfüllung gehen, dass überall in meinen Landen, wo eine Synagoge stand, sich eine Kapelle zu Ehren des Gottes der Deutschen und der Christen erheben soll."[183]

Aufs Neue erkennt man in diesem Bilderbogen die Taktik, antisemitischen Hasstiraden Respektabilität zu verschaffen, indem man sie Autoritäten wie Bismarck (Nr.10), dem "deutschen Michel" (Nr.16) oder einem Zukunftskaiser in den Mund legt. Sehr deutlich wird außerdem Bewers Bemühen,

---

[183] Ebd.

Judenhass nationalreligiös zu begründen. Wenn am Ende des Begleittextes vom "Gott der Deutschen und der Christen" (man beachte die Reihenfolge!) die Rede ist, verweist dies auf eine zentrale Denkfigur völkischer Religion seit dem späten 19. Jahrhundert. Man bestritt den christlichen Universalismus und behauptete, in der Gegenwart seien Nationen, Völker oder Rassen, wie hier die Deutschen, Träger des Bundes mit Gott. Den Nationalisten ging es um eine Aufwertung des eigenen Volkes zum auserwählten Gottesvolk.[184] Dass die Juden die Identität von Volk und Religion seit jeher für sich beanspruchten und im Gegensatz zu den Völkischen auch biblisch untermauern konnten, ließ sie als gefährliche Konkurrenten bei der Erschaffung völkischer Glaubenssysteme erscheinen.

Bilderbogen Nr.29 trägt den Titel "Die Milchkuh oder Deutschland 1900 nach Chr.". Ein protestantischer Pastor zieht eine Kuh mit der Aufschrift "Deutschland" in Richtung einer Dorfkirche und ein katholischer Geistlicher (in Jesuitentracht) zieht sie am Schwanz in die entgegengesetzte Richtung zum römischen Peters-

---

[184] Vgl. Peter Walkenhorst, Nationalismus als "politische Religion"? Zur religiösen Dimension nationalistischer Ideologie im Kaiserreich, in: Olaf Blaschke/ Frank-Michael Kuhlemann (Hg.), Religion im Kaiserreich. Milieus- Mentalitäten- Krisen, Gütersloh 1996, S. 509-529; Stefanie von Schnurbein/ Justus H. Ulbricht (Hg.), Völkische Religion und Krisen der Moderne. Entwürfe "arteigener" Glaubenssysteme seit der Jahrhundertwende, Würzburg 2001.

dom. Währenddessen wird die Kuh von einem Juden (mit dem Talmud in der Tasche) gemolken.

Wie das Bild, so will auch der Text suggerieren, dass der Konfessionskonflikt in Deutschland nur den Juden als Feinden von Christentum und Deutschtum nütze. "So lange sich Katholiken und Protestanten in Deutschland befehden, so lange wird sich der Dritte freuen - der Jude."

Dies zeige die um sich greifende jüdische Überfremdung der christlich- deutschen Gesellschaft. Überhand nehmender Synagogenbau und die "Verjudung" von Schulen, Universitäten, Justiz, Arztberuf, Landbesitz usw. seien unübersehbare Anzeichen. Angesichts dieser Bedrohung durch das Judentum sollten die christlichen Konfessionen ihre Differenzen überwinden und gemeinsam gegen die Juden zu Felde ziehen.

"Nur im antisemitischen Feuer kann der Ring der christlichen Einheit geschmiedet werden (...) Mögen sich die beiden christlichen Konfessionen erst darüber einig werden, wo ihr Urfeind und Todfeind steht (...) dann werden und müssen sie bald auch wieder wie Brüder und feurige Kampfgenossen geschlossen gegen ihn auftreten!"[185]

An diesem Bilderbogen wird deutlich, wie der Konfessionskonflikt im Kaiserreich Antisemitismus begünstigen konnte. Bewer und andere Gesinnungsgenossen boten ihren Judenhass als negative Integrationsideologie an, die eine Art Ökumene auf Kosten der Juden bewirken sollte.

---

[185] Politischer Bilderbogen Nr.29, 1899.

Nr.30 (1899) bedient sich bei dem bekannten
Märchen "Der Rattenfänger von Hameln". Ein
überlebensgroßer Rattenfänger spielt auf seiner
Flöte, während ihm die Ratten in Massen
entgegenströmen. Der Rattenfänger hat eine Feder
mit der Aufschrift "Antisemitismus" am Hut
stecken, und die Ratten sind mit jüdischen
Gesichtszügen ausgestattet. Teilweise sind sie als
Liberalismus, Freisinn, Wucher, Zinsen, Börsen-
jobber, sozialdemokratischer Agitator, Judenpresse
usw. beschriftet. Sie kommen aus Bazar, Café,
Theater („wo "zum letzten Mal Nathan der Weise"
auf dem Programm steht), Redaktion des Vorwärts,
Börse, Bankhaus, Trödler - allesamt Orte oder
Institutionen, die von den Antisemiten als Zentren
jüdischen gesellschaftlichen Einflusses ausgemacht
wurden. Die Ratten drängen zum Stadttor hinaus, wo
ihnen ein Schild den Weg nach Ägypten weist.
Im Begleittext wird die Gleichsetzung von Juden mit
Ratten näher erläutert: "Wie Mäuse und Ratten
suchen die Juden, die staatliche Ordnung zu
untergraben." Durch die Sozialdemokratie solle das
Kaisertum gestürzt und eine Judenherrschaft
errichtet werden. Über ihre Pressemacht bewirkten
und steuerten die Juden den "demokratisch-
revolutionären Zeitgeist" in Deutschland. Währenddessen könne man an den Wahlergebnissen ablesen,
dass der nationalgesinnte und kaisertreue Deutsche
"in seinem eigenen Vaterland in der Minderheit" sei.
Antisemitismus fuße nicht auf Intoleranz und
Gewalttätigkeit, sondern auf "Deutschenliebe und
Deutschenschutz". Es gelte auf friedlichem Wege
über den "Furor des Gemüths" eine allgemeine
Entrüstung gegenüber den Juden zu erzeugen, die
irgendwann den Reichstag zum Handeln zwingen

werde. Der Betrachter des Bildes, der um den weiteren Verlauf des Märchens weiß (Der Rattenfänger ertränkte die Ratten in der Weser), dürfte hingegen alles andere als eine gewaltlose Lösung der "Judenfrage" als Botschaft mitnehmen.

In einem abschließenden Gedicht malt sich Bewer dann schon einmal den Tag aus, an dem der Rattenfänger mit seinem Vertreibungs- und/ oder Vernichtungswerk beginnt: "Dann werden auf den Bergen die Bismarcksäulen glühn/ In ihrem Rausch die Juden sich aus dem Lande verziehn/ Dann läuten von den Türmen die Glocken laut und hell/ Dann ward vom Geist des Heilands bezwungen Israel/ Dann wird das Handwerk feiern und froh der Bauer sein/ Dann wird zum Reiche Gottes das deutsche Reich gedeihn." In diesem Gedicht konzentrieren sich alle Elemente von Bewers kruder Gedankenwelt auf engstem Raum: Bismarck- Kult, Mittel-standsideologie und Bekämpfung der Juden als völkisch- religiöse Sendung der Deutschen.[186]

Nr.31 beschwört einmal mehr "Bismarcks Geist" gegen alles und jedes, was Max Bewer an der deutschen Außen- und Innenpolitik störte. Während Caprivi ein "nach Deutschland verschneiter Slowake" gewesen sei, an den sich niemand mehr erinnere, sei der Einfluss von Bismarcks Seele "noch aus dem Grab heraus spürbar". Das Großbild zeigt die Friedrichsruher Grabkapelle mit geöffneter Tür. Bismarck tritt mit seinem Hund Tyras aus dem Sachsenwald hervor und blickt mir finsterer Miene auf sein Reich. In der Ferne haben sich düstere Gewitterwolken über dem "verjudeten" Berlin

---

[186] Alle Zitate Politischer Bilderbogen Nr.30, 1899.

zusammengezogen. Im Begleittext rechnet Bewers auferstandener Bismarck zunächst mit der imperialistischen Außenpolitik unter seinen Nachfolgern ab - erstaunlich genug, wenn man an Bilderbogen Nr.26 denkt. Grund für diese Bedenken ist wohl der konstatierte Mangel an nationalistischer Geschlossenheit nach innen. "Wenn ich die internationalen Revolutionäre der Socialdemokratie, die ultramontanen Römlinge (...), die Polen, Welfen, Dänen, Elsässer und endlich noch die Juden zusammenrechne, so ist gegen dieses antinationale Conglomerat gehalten der nationalgesinnte Deutsche in seinem eigenen Vaterland im politischen Mindergewicht, im Parlament, in der Presse, wie im übrigen Volksleben." Daher sei es geboten, einen "national- christlichen Gegendruck" zu entfalten, um das Bestehen von Bismarcks Werk für die Ewigkeit zu garantieren.[187] Hier macht sich die völkische Bedrohungsparanoia bemerkbar, die kurzerhand die Mehrheit des eigenen Volkes als Nationsfeinde abstempelte.

Wie andere Ausgaben der Bilderbogenserie nimmt Nr.32 die biblische Prophezeiung "Du wirst alle Völker fressen und sollst ihrer nicht schonen." (5. Mose 7,16) als Aufhänger. Gezeigt wird ein Spinnennetz mit der jüdischen "Völkerspinne" in der Mitte - den Leib mit Geldstücken geschuppt und die Beine gierig nach allen Seiten ausgestreckt. Im Netz haben sich ihre Opfer verfangen: In der oberen Hälfte zappeln alle europäischen Völker, in der unteren Hälfte alle Berufsstände (Bauern, Handwerker, Geistliche, Studenten etc.). Befreien

---

[187] Politischer Bilderbogen Nr.31, 1899.

können sich nur "Germania" (oben) und die deutsche Armee (unten). Netz und Spinne waren häufig gebrauchte Bilder, um den Juden verschwörerische Handlungen und das "Aussaugen" ihrer "Wirtsvölker" zu unterstellen.

Der Begleittext beurteilt die Lage der im Netz der "Völkerspinne" Gefangenen als bedroht, aber angesichts des wachsenden Antisemitismus nicht hoffnungslos. "Kein Volk ist heute von so tiefem und gerechtem Unwillen gegen das Judentum erfüllt, wie das deutsche."[188] Armee, Bund der Landwirte, konservative Partei, Corpsstudenten, Burschenschaften seien bereits "judenfrei". Dem Antisemitismus zugeneigt seien Geistliche, Gelehrte, Künstler, Offiziere, Studenten, Kaufleute, Bauern und Handwerker. Als wenig hilfreich im Kampf gegen das Judentum hätten sich hingegen Beamte und Fürsten erwiesen. Dabei sei das deutsche Volk geradezu göttlich ausersehen, den Endkampf gegen das Judentum erfolgreich zu führen. Als Belege führt Bewer, wie immer völlig aus dem Kontext gerissene, Bibelstellen an:

"Und es wird ein Volk von Mitternacht über euch kommen, ein Volk von der Welt Ende, ein mächtiges Volk von tiefer Sprache, welches das erste Volk gewesen ist und fliegt wie ein Adler (...) und der Herr wird euch mit Schiffen voll wieder in Ägypten senden." (5. Mose 28, 49,68) "Wahrlich ich sage euch, das Reich Gottes wird von euch genommen und einem anderen Volke gegeben werden." (Matth. 21, 43)

Im Lichte dieser Bibelstellen soll Antisemitismus als göttlicher Auftrag an das deutsche Volk erscheinen,

---

[188] Politischer Bilderbogen Nr.32, 1900.

den es als das neue auserwählte Gottesvolk durchzuführen habe.

Die letzte Nummer der Bilderbogenserie (Nr.33, 1901) stellt einmal mehr einen absurden Vergleich an, indem die Juden als "Weltboxer" bezeichnet werden, in Anlehnung an die Boxerbewegung, die in China 1901 einen erfolglosen aber blutigen Aufstand gegen die europäischen Kolonialmächte und die Verbreitung des Christentums unternahm. Ein Jude in der Tracht der chinesischen Boxer steht triumphierend auf der Erdkugel mit einem Dolch in der rechten und einer Fahne in der linken Hand, auf der die mosaische Prophezeiung "Du wirst alle Völker fressen und sollst ihrer nicht schonen" (5. Mose 7,16) zu lesen ist. Er steht mit seinem Krallenfuß auf einem getöteten Arier, der in seiner Hand eine Toleranzschriftrolle hält. Neben dem Sieg im Rassekampf kann sich der "Weltboxer" außerdem rühmen, Christentum und Monarchie besiegt zu haben, symbolisiert durch ein abgeknicktes Kreuz und eine aus der Erdbahn geworfene Krone.

Die Boxer waren ein nationalistischer Geheimbund, der gegen den Einfluss der Europäer und die Verbreitung des Christentums in China kämpfte. Aus der Ermordung des deutschen Gesandten Klemens Freiherr von Ketteler und der Besetzung des Gesandtschaftsviertels entwickelte sich 1901 der Boxeraufstand. Einem internationalen Expeditionskorps, an dem sich auch Deutschland beteiligte, gelang es, den Aufstand schnell niederzuschlagen. Durch die Presse der jeweiligen Länder geisterten die Boxer als blutrünstige Bestien und Exponenten der "gelben Gefahr", mit denen man kurzen Prozess machen müsse. Ähnlich äußerte sich Kaiser Wilhelm

II. in seiner berüchtigten "Hunnenrede".[189] Dem hält Max Bewer entgegen: "Die Boxer, die in China wüten,/ Sind nicht die schlimmsten auf der Welt/ Mag jedes Land sich lieber hüten,/ dass es den Juden nicht verfällt." Der Deutsche habe sich allerdings in Toleranz- und Humanitätsduselei nicht rechtzeitig gegen die jüdische Gefahr gewappnet. "So ward voll milder Toleranzen/ Er auch den Juden wohlgesinnt/ bis er empfand, dass sie wie Wanzen/ Und nicht wie andere Fremde sind."[190] Die unausgesprochene Konsequenz, die man als Betrachter und Leser aus dem Bilderbogen ziehen kann, läuft einmal mehr auf eine gewaltsame Lösung der "Judenfrage" hinaus: Man müsse mit den Juden ähnlich verfahren wie mit den Boxern, d.h. kurzen Prozess machen.

---

[189] Vgl. Susanne Kuß (Hg.), Das Deutsche Reich und der Boxeraufstand (Erfurter Reihe zur Geschichte Asiens Bd.2), München 2002.
[190] Alle Zitate Politischer Bilderbogen Nr.33, 1901.

IV.

Alle 33 veröffentlichten Politischen Bilderbogen konnten gesichtet und ausgewertet werden. 29 von ihnen behandeln unmittelbar die "Judenfrage" oder benutzen den Kampf gegen die Politik des "Neuen Kurses" als Aufhänger für die Verbreitung von Judenhass in Zeichnung und Text. Die übrigen vier Bilderbogen widmen sich der Verehrung Bismarcks (Nr.21, 23, 32), bzw. König Alberts von Sachsen (Nr.27), sind aber dennoch mit antisemitischen Aussagen durchzogen.

Die Zeichnungen weichen, was die stereotype Darstellung "des Juden" betrifft, kaum von Karikaturen in nicht- antisemitischen Satirezeitschriften ab. Sie bleiben aber nicht bei der Überspitzung bestimmter stereotypisierter Merkmale stehen, sondern zeichnen (begünstigt auch durch das Großformat) umfassende, teils apokalyptische, Bedrohungsszenarien von der "Judenherrschaft". Die Radikalität der im Laufe der Zeit immer länger werdenden Begleittexte übertrifft sogar noch das zeichnerisch dargestellte - bis hin zur kaum kaschierten Forderung nach Pogromen wie im Mittelalter. (Nr.6) Die häufig mit Namen benannten Antisemiten erscheinen als einsame, heldenhafte Kämpfer gegen einen übermächtigen, alle Gesellschaftsbereiche erfolgreich infiltrierenden, Feind. Damit Betrachter und Leser den Antisemitismus dennoch nicht als isolierte politische Meinung einstufen, versuchen die Bilderbogen, Judenhass populären Personen (Bismarck), Bewegungen (Agrarier, Flottenbaubewegung) und Institutionen (Kirche, Monarchie) in den Mund zu legen.

Mit ideologischen Grundsatzfragen, die den parteipolitischen Antisemitismus bewegten und zu seiner Zersplitterung beitrugen, halten sich die Bilderbogen nicht auf. Es geht nicht um Religion *oder* Rasse als Gegenstand der "Judenfrage", sondern um Religion *und* Rasse. Neben einem "fremdrassigen" Aussehen lässt die Opposition christlich- deutsch contra jüdisch- undeutsch die Juden von vornherein nicht als Deutsche, sondern als fremd, andersartig und bedrohlich erscheinen. Die Darstellung der Juden als Nichtchristen oder gar Antichristen ist in den Politischen Bilderbogen ebenso wichtig für die Stigmatisierung des Judentums wie die Rassenfrage. Rein quantitativ haben die sozioökonomischen (55) und nationalistisch- rassistischen (45) Topoi allerdings ein Übergewicht gegenüber den religiösen (19). (siehe die Auswertung im Anhang)

Aktuelle Debatten, vor allem um die Politik des "Neuen Kurses", werden in Zeichnungen und Texten aufgegriffen und antisemitisch ausgedeutet. Es werden aber nicht nur "die Juden" als abstrakte Gemeinschaft angegriffen, sondern konkrete Personen: prominente jüdische Politiker (Singer), Bankiers (Bleichröder), Unternehmer (Loewe), Rabbiner (Hirsch- Hildesheimer), bis hin zum angeblichen Ritualmörder (Buschoff). Auf einer Stufe mit den Juden werden nichtjüdische Gegner der Antisemiten, vor allem liberale Politiker wie Eugen Richter, Heinrich Rickert und Rudolf Virchow, als "Judenfreunde" diffamiert. Dasselbe Schicksal erleidet Reichskanzler Caprivi, dem allerdings weniger Philosemitismus als Unfähigkeit und "Schlafmützigkeit" in der "Judenfrage" vorgeworfen werden. In sehr vielen Bilderbogen fällt die penetrante Anbiederung an Bismarck auf, von dem Max Bewer ein Eintreten für die Sache der Antisemiten erhoffte und es schließlich "herbeischrieb". (Nr.10) Dies ist im Zusammenhang mit dem nach Bismarcks Rücktritt einsetzenden Kult um den "Reichsgründer" zu erklären. Im Rahmen des Kampfes gegen den "Neuen Kurs" wurde Bismarck für die Parteien und Verbände des "nationalen Lagers" zu einer Projektionsfläche für die unterschiedlichsten politischen Inhalte - auch für den Antisemitismus. Die Strategie der parasitären Anbiederung an populäre Bewegungen oder Institutionen ist auch in den Versuchen zu erkennen, Flottenbau (Nr.26) und Monarchie (Nr.28) mit Antisemitismus in Verbindung zu bringen.

Sozioökonomische (Bereich I), christlich- religiöse (II) und völkisch- nationalistische Judenfeindschaft (III) werden in den Politischen Bilderbogen durchgängig bedient. Betrug- und Wuchervorwürfe werden ebenso behandelt wie die Ritualmordlegende und die Beförderung des Atheismus durch jüdische Liberale. Presse und "reichsfeindliche" Parteien (Linksliberale und Sozialdemokraten) als Instrumente des Judentums kommen ebenso vor wie die Überfremdung durch ostjüdische Einwanderung und die Gefahr rassischer Entartung. Auch das Bild vom "jüdisch- anarchistischen Terrorismus" als Vorstufe des nach der Oktoberrevolution aufkommenden Feindbildes vom "jüdischen Bolschewismus" fehlt nicht. Die "Dämonologie" der Zeichnungen und Texte macht "den Juden" quasi zum "Mutanten", der in vielen, zum Teil einander ausschließenden, Gestalten des Bösen gleichzeitig auftritt: als Kapitalist und Sozialist, als Assimilierter und Ostjude, als Ritualmörder und Atheist.

Die am häufigsten behandelten Vorwürfe sind wirtschaftliche Schädlichkeit (I.a. = 16, I.b. = 13), "Verjudung" gesellschaftlicher Institutionen (I.c. = 19), antichristliche und antinationale Gesinnung (II.a. = 9, III.a. = 12) und das Bündnis mit der Sozialdemokratie (III.b. = 11). Insgesamt lässt sich aber eine sehr breite Streuung über alle drei Bereiche konstatieren. (siehe die Auswertung im Anhang)

Bezüge oder Anspielungen auf aktuelle Ereignisse und politische Entwicklungstrends haben Häufungen einzelner Topoi hervorgebracht. Die volle Palette der sozioökonomischen Judenfeindschaft wird in allen Bilderbogen der Jahre 1892/93 (mit Ausnahme von Nr.6) geboten, bedingt durch die Auseinandersetzung mit der Wirtschaftspolitik des "Neuen Kurses". Danach wird dieser Bereich nur noch sporadisch bedient. Das Thema Ritualmord kommt zwischen 1892 und 1894 im Gefolge des Falls Xanten gehäuft vor. Last but not least rückt die angebliche Symbiose von Judentum und SPD mit dem Anwachsen der Sozialdemokraten zur Massenpartei immer stärker in den Vordergrund, ab 1893 und verstärkt wieder ab 1897. In diesen Jahren fanden Reichstagswahlen statt, bei denen die SPD erhebliche Stimmengewinne verbuchte.

Die Bilderbogen liefern eine Aufsummierung und permanente Wiederholung von Feindbildern und Bedrohungsszenarien, die an Theodor Fritschs "Antisemiten- Katechismus" (1.Aufl. 1887) erinnert. Dieses ab 1907 unter dem Titel "Handbuch der Judenfrage" erschienene Buch bietet eine Sammlung von Materialien und Argumentationsstrategien, die der antisemitische "Otto Normalverbraucher" am Arbeitsplatz, am Stammtisch, im Verein etc.

einsetzen konnte. Seinen eigenen Angaben zufolge benutzte auch Adolf Hitler dieses Buch.[191] Ebenso wenig wie hinter Fritschs Werk, steckt hinter den Bilderbogen eine ausformulierte antisemitische Ideologie, wie sie Lagarde, Dühring oder Chamberlain zu liefern versuchten. Allenfalls Bewers Versuch, den Konfessionskonflikt zugunsten eines nationalen und antisemitischen Christentums zu überwinden, erinnert an Lagardes Pläne für eine völkische Erneuerung der Religion. Der Appell der Zeichnungen und Texte richtet sich nicht an den Verstand. Vielmehr werden in der Gesellschaft kursierende Stereotype und Vorurteile zu Feindbildern und Bedrohungen gesteigert, in denen "der Jude" als ultimativer Feind präsentiert wird, der im Bündnis mit allen Verderblichkeiten der Moderne gegen Christentum und Deutschtum zu Felde ziehe. Am drastischsten führen dies Bilderbogen Nr.12 und Nr.20 mit der Gleichsetzung von Judentum und Tod, bzw. Teufel vor Augen. Für Bewer waren die Juden per definitionem das ultimativ Böse in der Welt: "Edle Juden gibt es nicht. Was in den Juden edel ist, ist deutsch, auf jeden Fall ist es nicht jüdisch. Ein edler Jude fängt damit an, dass er aufhört Jude zu sein und Juden zu dulden."[192] Überprüfbare Belege für die den Juden gemachten Vorwürfe sucht man in den Begleittexten vergebens. Stattdessen dominieren gewagte Analogien und apodiktische Aussagen, die man entweder glauben oder lächerlich und abstoßend finden kann.

---

[191] Vgl. Zumbini, Die Wurzeln des Bösen, S. 321.
[192] Bewer, Gedanken, S. 38.

Fazit

Als "Lösung der Judenfrage" greifen die Bilderbogen auf die Forderung zurück, die Emanzipation aufzuheben und die Juden ihrer Bürgerrechte zu berauben. (Nr.16) Häufiger als auf politische Forderungen stößt man aber auf unmissverständlich angedeutete oder offene Gewaltandrohung. (Nr. 14, 17, 30) Der Zusammenhang zwischen Antisemitismus und politischer Gewalt (verbaler wie körperlicher) dominiert die Antisemitismusforschung in Bezug auf Weimarer Republik und Nationalsozialismus. Für das Kaiserreich ist dieser Zusammenhang hingegen wenig untersucht und nur für Einzelfälle dokumentiert worden.[193] Es drängt sich die Frage auf, ob die These vom Antisemitismus als "kulturellem Code" - bei allen sonstigen Vorzügen - das Gewaltpotential der Judenfeindlichkeit um die Jahrhundertwende unterschätzt und alle späteren

---

[193] Zum Synagogenbrand in Neustettin und den darauf folgenden Ausschreitungen: Vgl. Christard Hoffmann, Politische Kultur und Gewalt gegen Minderheiten. Die antisemitischen Ausschreitungen in Pommern und Westpreußen 1881, in: Jahrbuch für Antisemitismusforschung 3 (1994), S. 93- 120; Gerd Hoffmann, Der Prozess um den Brand der Synagoge in Neustettin. Antisemitismus in Deutschland ausgangs des 19. Jahrhunderts, Schifferstadt 1998. Über judenfeindliche Krawalle im Kontext der Fälle Xanten und Konitz: Vgl. Groß, Ritualmordbeschuldigungen, S. 51- 145; Nonn, Eine Stadt sucht einen Mörder, S. 25- 54; Smith, Die Geschichte des Schlachters, S. 47- 55; ebenso die Sammelrezension Sieg, Auf dem Weg zur "dichten Beschreibung" und die Beiträge in Christard Hoffmann u.a. (Hg.), Exclusionary violence. Antisemitic riots in modern German history, Ann Arbor 2002.

Eskalationen auf die Zäsur des Ersten Weltkriegs schiebt.[194]

Was mag die Macher der Politischen Bilderbogen zu ihrem extremen Judenhass bewogen haben? Ihre Selbstzeugnisse geben hierüber kaum Auskunft.[195] Der Psychologe Fabius Schach erkannte im "Bewerismus" eine "Philosophie des Wahnsinns", die er auf "geistige Entartung" zurückführte.[196] Den Grund für solche Entartungen hat die moderne sozialpsychologische Antisemitismusforschung mit Theodor W. Adornos These vom autoritären Charakter zu erfassen versucht. Demnach bringt Unterwürfigkeit unter Autoritäten die Notwendigkeit zur Kompensation durch feindselige Haltungen gegenüber Schwächeren mit sich.[197] Auf den ersten Blick scheint Bewer geradezu ein Musterbeispiel für die Stimmigkeit dieser Theorie zu sein. Bei genauerem Hinsehen lässt sich allerdings feststellen, dass seine "Kriecherei" durchaus funktionalistisch und nicht nur charakterlich bestimmt war. Außerdem schreckte er vor Angriffen gegen Autoritäten (z.B. gegen Caprivi) durchaus nicht zurück. Die Skurrilität von Bewers Antisemitismus verführt dazu, ihn als individuelle psychologische Abnormität zu deuten. Dabei entsprach gerade diese

---

[194] Vgl. van Rhaden, Ideologie und Gewalt, S. 22f.

[195] Der Einfluss von Wilhelm Marr auf Max Bewer ist nicht nachgewiesen und zur Zeit des Streits mit dem jüdischen Literaturkritiker Georg Brandes- Cohen war Bewer wohl bereits Antisemit. Vgl. Bewer, Ein Goethepreis; Suchy, Antisemitismus, S. 260.

[196] Vgl. Fabius Schach, Eine Philosophie des Wahnsinns, in: Mitteilungen 12 (1902), S. 237f, 245- 247.

[197] Vgl. Theodor W. Adorno, The Authoritarian Personality, New York 1950.

Skurrilität dem orientierungslosen antiliberalen und antimodernen Zeitgeist weiter bürgerlicher und kleinbürgerlicher Schichten, der sich freilich nicht immer so radikal und nicht immer in Form des Antisemitismus austobte. Man muss Bewer nicht Geschäftsantisemitismus unterstellen, um festzuhalten, dass seine Hetzschriften stets auch eine Reaktion auf eine gesellschaftliche Nachfrage darstellten, die immerhin so groß war, dass sie ihm und seinem Verleger das tägliche Brot sicherte. Extremistische politische Einstellungen Einzelner oder ganzer gesellschaftlicher Gruppen zu pathologisieren ist eine Frage von Moral und "political correctness", bei der Ergründung der Ursachen von Extremismus hilft es aber nicht weiter.

Diese Arbeit hat sich um eine inhaltliche Erschließung bemüht, über Verbreitung und Rezeption der Politischen Bilderbogen konnte bisher nur wenig in Erfahrung gebracht werden. Der "Führer durch die antisemitische Litteratur" von 1893 bespricht die Bilderbogen Nr.1 bis 8 und behauptet, sie würden "massenweise verbreitet", von Bilderbogen Nr.4 seien 6.000 Stück in Berlin verkauft worden.[198] Gegen ihren Vertrieb in "einschlägigen" Buchhandlungen wurde von jüdischen Organisationen in mehreren Städten zumeist ohne Erfolg Klage erhoben. Die Praxis in der Rechtsprechung, dass nur gegen konkrete Personen oder staatliche Institutionen ausgesprochene Beleidigungen strafrechtlich zu verfolgen seien, begünstigte die Antisemiten.[199] 1893 feierte

---

[198] Vgl. Westphal, Führer durch die antisemitische Litteratur, S. 13.

[199] Vgl. Parmond, Antisemitismus und Strafrechtspflege.

der Verlag Glöß ein Jubiläum: die 100. erfolglose Klage gegen die Bilderbogenserie.[200] Die Urteile gegen Glöß in den Fällen Caprivi (siehe Nr.8) und Hirsch- Hildesheimer (siehe Nr.13) hatten nicht den Antisemitismus der Bilderbogen zum Gegenstand und konnten im Grunde als Siege der Antisemiten verbucht werden. Insgesamt betrachtet haben die Klagen die Verbreitung der Machwerke kaum behindert. Das gilt auch für ihre aktive Nutzung zu Propagandazwecken, die bislang nur im Zusammenhang mit dem Konitzer "Ritualmordfall" nachgewiesen werden konnte. Es dürfte aber wohl nur eine Frage gründlicher Recherchen sein, weitere Beispiele ausfindig zu machen.

Über die Rezeption der Bilderbogen außerhalb der antisemitischen Szene lassen sich nur schwer gesicherte Aussagen treffen, weil Auflagenhöhe und Verkaufszahlen weitgehend unbekannt sind und die großen Tageszeitungen die schmuddeligen Machwerke ignorierten. Daher können an dieser Stelle nur Erfahrungswerte aus besser dokumentierten Fällen (v.a. die mediale Auseinandersetzung mit der Agitation Hermann Ahlwardts) herangezogen werden. Sie deuten darauf hin, dass die Inhalte der Bilderbogen weit über das hinaus gingen, was die bürgerliche Gesellschaft an Judenhass tolerierte. Die Ablehnung der radauantisemitischen Agitation war allerdings nicht gleichbedeutend mit der Zurückweisung der durch sie transportierten judenfeindlichen Stereotype und Feindbilder. Dies förderte eine anlässlich der Skandale um Ahlwardt durchgeführte Umfrage des österreichischen Journalisten Hermann Bahr unter prominenten

---

[200] Vgl. Mitteilungen 3 (1893), S. 333.

Wissenschaftlern, Politikern und Intellektuellen zu Tage: Die aggressive und unseriöse Kampfweise der Antisemiten wurde von allen Befragten zurückgewiesen, gleichzeitig hielt aber die Mehrheit einige der Vorwürfe gegen die Juden, insbesondere was den sozioökonomischen Bereich anbelangt, für berechtigt und folgerte, die Juden seien selbst daran schuld, dass man sie verachte.[201] Die Bewersche "Philosophie des Wahnsinns" repräsentierte nicht den gesellschaftlichen Mainstream, baute aber auf Vorurteilen auf, die selbst in gehobenen Kreisen der bürgerlichen Gesellschaft kursierten.

---

[201] Dieser Auffassung schlossen sich auch antisemitismus-unverdächtige Personen wie der SPD- Vorsitzende August Bebel und der jüdische Journalist Maximilian Harden an. Vgl. Bahr, Antisemitismus.

Anhang

Politische Bilderbogen

Nr.1	Bismarck kommt!	1892
Nr.2	Juden in Deutschland	1892
Nr.3	Freisinnige Zukunftsbilder	1893
Nr.4	Caprivis Heldenthaten	1893
Nr.5	Börsen- Kirmeß	1892
Nr.6	Das Märchen von Christus	1892
Nr.7	Ahlwardts Heldenthaten	1893
Nr.8	Juden- ABC	1893
Nr.9	Bismarck in Berlin	1893
Nr.10	Die Juden in Friedrichsruh	1893
Nr.11	Im Zukunftsstaat	1893
Nr.12	Deutscher Totentanz	1894
Nr.13	Das Blutgeheimniß	1894
Nr.14	Im 20. Jahrhundert	1894
Nr.15	Der Schwarze Peter	1894
Nr.16	Die Juden im Reichstag	1895
Nr.17	Auszug der Juden aus Deutschland	1895
Nr.18	Juden in der Sommerfrische	1895
Nr.19	Die Handwerker bei Bismarck	1896
Nr.20	Der Teufel in Deutschland	1897
Nr.21	Bismarck vor Gericht	1897
Nr.22	Der Bauernfeind	1897
Nr.23	Der Handlanger	1897
Nr.24	Falsche Freunde	1897
Nr.25	Bienen und Drohnen	1898
Nr.26	Der Flottenfeind	1898
Nr.27	Sein einziger Feind	1898
Nr.28	Ein Zukunftsbild	1898
Nr.29	Die Milchkuh oder Deutschland 1900 n.Chr.	1898
Nr.30	Der Rattenfänger	1899
Nr.31	Bismarck's Geist	1899
Nr.32	Die Völkerspinne	1900
Nr.33	Der Weltboxer	1901

Antisemitische Stereotype und Feindbilder in den Politischen Bilderbogen

	1	2	3	4	5	6	7	8	9	10
I.										
I.a	X	X	X	X	X		X	X	X	X
I.b	X	X	X	X	X			X	X	X
I.c	X	X	X		X	X	X	X	X	X
I.d		X								X
II.										
II.a		X				X				
II.b			X		X	X		X		
II.c						X		X		X
III.										
III.a										X
III.b								X		
III.c			X		X			X		
III.d								X	X	
III.e										
III.f								X	X	
III.g								X	X	
Σ	3	5	5	2	5	4	2	10	6	6

	11	12	13	14	15	16	17	18	19	20
I.										
I.a		X			X				X	X
I.b	X	X							X	
I.c	X				X	X		X		
I.d	X						X	X		X
II.										
II.a		X		X			X			X
II.b										
II.c		X	X							X
III.										
III.a				X	X	X	X			
III.b	X	X				X				X
III.c						X				
III.d					X					
III.e					X			X		
III.f			X							
III.g		X				X				
Σ	4	6	2	2	5	5	3	3	2	5

	21	22	23	24	25	26	27	28	29	30
I.										
I.a		X			X			X		
I.b					X			X		
I.c	X							X	X	X
I.d										
II.										
II.a								X	X	
II.b										
II.c										
III.										
III.a			X		X	X		X		X
III.b	X			X	X		X	X		X
III.c	X									
III.d										
III.e					X					
III.f										
III.g										X
Σ	3	1	1	1	5	1	1	6	2	4

	31	32	33	Σ
I.				*55*
I.a				16
I.b				13
I.c		X	X	19
I.d			X	7
II.				*19*
II.a			X	9
II.b				4
II.c				6
III.				*45*
III.a	X		X	12
III.b				11
III.c				5
III.d			X	4
III.e			X	4
III.f				3
III.g		X		6
Σ	1	2	6	119

Gezählt wurden nur Stereotype und Feindbilder, die für die Gesamtbotschaft des jeweiligen Bilderbogens konstitutiv sind und/ oder im Begleittext eingehend thematisiert werden. Zu berücksichtigen ist: 1. Die wuseligen und dezentralen Massenszenen (bis Nr.21) erlauben nicht immer eine eindeutige Er- fassung von zentralen Elementen. 2. Einige der Stereotype und Feindbilder sind inhaltlich eng miteinander verbunden, so dass sie häufig gemein- sam auftreten, z.B. Ia. und I.b., I.c. und III.a. 3. III.e. taucht durch die zeichnerische Darstellung der Juden prinzipiell in fast jedem Bilderbogen auf, wurde aber nur dann gezählt, wenn dieses Stereotyp zur zentralen Botschaft erhoben wurde.

Legende

I. sozioökonomischer Bereich
I.a. Wucher, "Güterschlächterei", Ausbeutung, Betrug, "Gründerschwindel"
I.b. Reichtum, Geldmacht, "raffendes Kapital", Börse, parasitäre Lebensweise
I.c. "Verjudung" gesellschaftlicher Institutionen (Universitäten, Presse, Rechtswesen usw.)
I.d. Eitelkeit, Dekadenz, Unsittlichkeit

II. religiöser Bereich
II.a. Antichristen, Abkunft vom Teufel, christenfeindliche Religionsgesetze (Talmud)
II.b. Atheismus, Materialismus
II.c. Ritualmord

III. nationalistisch- rassistischer Bereich
III.a. antinationale Haltung, Unterwanderung
III.b. Bündnis mit Sozialdemokraten ("rote Internationale")
III.c. Bündnis mit Linksliberalismus, Freihandel ("goldene Internationale")
III.d. Anarchismus, Terrorismus
III.e. rassische Minderwertigkeit, "jüdische" Physiognomie, Rassenkampf, Ostjudenfrage
III.f. Blutmystik, Rassenschande
III.g. Schädlichkeitsmetaphern (foetor judaicus, Verbreitung der Cholera, Ratten u.a.)

Abbildungen

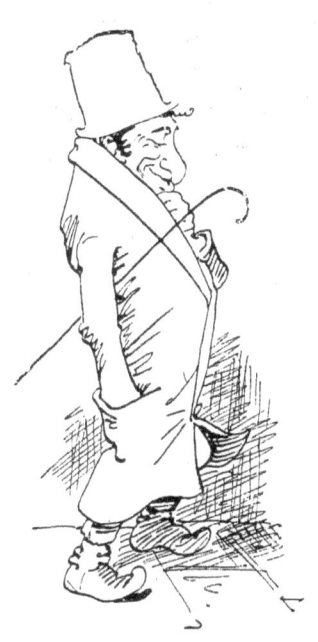

Abb.1: Wilhelm Buschs "Schmulchen Schievelbeiner"

Abbildungen

Abb.2: Politischer Bilderbogen Nr.1, Ausschnitte. *Oben*: Der Reichstag wird in eine "Judenbörse" verwandelt. *Unten*: Bismarck betritt als "niederdeutscher Bauer" den Sitzungssaal und wird von den Antisemiten um Otto Böckel begrüßt.

Abb.3: Bilderbogen Nr.2 stellt den Auszug der Juden aus Ägypten mit den von ihnen "ergaunerten Gold- und Sibergeräten" ihrem aktuellen wirtschaftlichen Treiben in Deutschland gegenüber. Immer wieder wurden in den Bilderbogen Bibelszenen und Bibelstellen genutzt, um die behauptete unwandelbare Schlechtigkeit der Juden zu untermauern.

Abb.4: Bilderbogen Nr.6. Ein Mob aus Juden, Börsianern, Atheisten, Liberalen und Naturwissenschaftlern verlacht, bespuckt und bewirft den Gekreuzigten mit Steinen und Dreck. Die moderne, urbane und säkularisierte Gesellschaft passte den Antisemiten nicht.

Abbildungen

Nach Asien, woher er kam,
Wünscht unser Volk den Abraham.

In Deutschland hausen Cahn und Cohn,
Caprivi ist ihr Schutzpatron.

Der Jude gern den Fleischer spielt,
Im Fleisch er vor Vergnügen wühlt.

Ein Jude denkt von Anbeginn,
An Wollust nur und Geldgewinn.

Der Singer hält auf seine Raſſe,
Er reiſt für's Volk, doch erſter Klaſſe.

In Xanten liegt ein kleines Kind,
Gott weiß, wer ſeine Mörder ſind.

Abb.5: Bilderbogen Nr.8, Ausschnitte. *S. 173 oben links*:
Hermann Ahlwardt schlägt mit seiner Agitation die Juden in
die Flucht. *Oben rechts*: Caprivi als "Schutzpatron" der
"jüdischen Konkurswirtschaft". Die Klage des Reichskanzlers
führte zum Verbot des Bilderbogens. In einer Neuauflage
wurde die Caprivifigur entfernt, der vom Gericht nicht
beanstandete Antisemitismus blieb. *Unten links*:   Das
Schächten als "Beweis" jüdischer Grausamkeit. Die Forderung
nach einem Schächtverbot war im Kaiserreich in der Regel
rein polemisch motiviert und hatte mit Tierschutz wenig zu
tun. *Unten rechts*: Die Bedrohung der arischen Frau (und
damit der Rassenreinheit insgesamt) durch den jüdischen
Mann. Der Rassenantisemitismus brachte eine Sexualisierung
der Judenfeindschaft mit sich. *S. 174 links*: Der jüdische SPD-
Politiker Paul Singer wird als lebendes Beweisobjekt für die
Behauptung in Anspruch genommen, Sozialismus und
Kapitalismus seien Produkte jüdischer Verschwörung. *Rechts*:
Trotz des Freispruchs des Verdächtigen Buschoff war der
Xantener Kindsmord in den Augen der Antisemiten ein
jüdischer Ritualmord.

174

Abb.6: Bilderbogen Nr.9, Ausschnitt. Reichskanzler Caprivi lässt sich mit einem Geldsack und einer Dame mit Hakennase, stellvertretend für das von ihm angeblich hofierte Judentum, durch Berlin chauffieren.

Abb.7: In Bilderbogen Nr.10 stattet der "Stamm Nimm" (die Juden) Bismarck einen Huldigungsbesuch ab. Der hält den Juden allerdings eine Strafpredigt. In den Bilderbogen wird Bismarck immer wieder für die Sache der Antisemiten in Anspruch genommen.

Abb.8: Bilderbogen Nr.12 stellt die Behauptung auf, Toleranz und Philosemitismus würden zum "deutschen Totentanz", zur Todesbedrohung durch das Judentum führen.

Abb.9: Bilderbogen Nr.13, Ausschnitt. Ein Rabbiner weiht seinen Schüler in das "Blutgeheimniß" ein. Der mittelalterliche Ritualmordvorwurf gegen die Juden wurde vom modernen Antisemitismus reaktiviert und beschäftigte noch an der Wende vom 19. zum 20. Jahrhundert deutsche Gerichte.

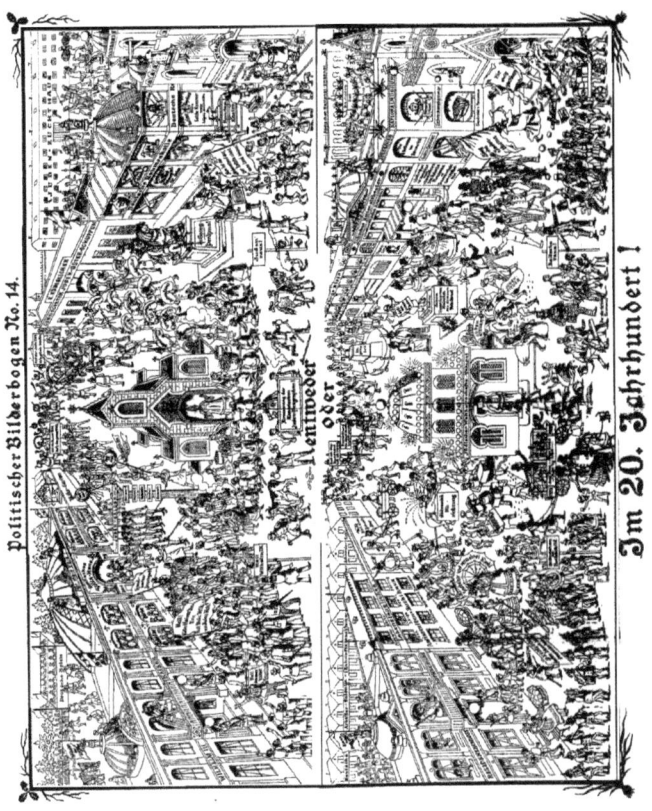

Abb.10: Bilderbogen Nr.14 stellt eine antisemitische einer "jüdischen" Zukunftsvision gegenüber.

Abb.11: Bilderbogen Nr.15, Ausschnitte. *Oben*: Die ostjüdische Migration als "Schwarzer Peter" Spiel. Caprivi zieht
die Karte mit der Aufschrift "Jude". *Unten*: Im Bündnis mit
dem "sozialistischen Pöbel" werden Kirchen und Paläste gesprengt, während die Synagoge im Glanz erstrahlt. Aus der
Sicht der Antisemiten wurde diese apokalyptische Zukunftsvision 1917 in Russland und 1918 in Deutschland Realität.

Abb.12: Bilderbogen Nr.20 behauptet in Anlehnung an ein Jesus- Wort im Johannes- Evangelium (Joh. 3,36-39) die Abkunft der Juden vom Teufel und präsentiert in 10 Bildern, wie sie sich in der Gegenwart äußere.

Abb.13: Bilderbogen Nr.22 präsentiert "den Juden" als "Bauernfeind", der mit Kreditwucher und "Güterschlächterei" die Bauernfamilien ins Elend stürze.

Abbildungsverzeichnis

Abb.1: Wilhelm Busch, Sämtliche Werke, Bd.5, hrsg. von Otto Nöldeke, München 1949, S. 309; Abb.2- 4, 6-13: Staatsbibliothek Preußischer Kulturbesitz, Berlin. Gr.2"Rz 16040; Abb.5: SUB Hamburg. S y/100.

Literaturverzeichnis

Alter, Peter u.a. (Hg.), Die Konstruktion der Nation gegen die Juden, München 1999.

Bajohr, Frank, "Unser Hotel ist judenfrei". Bäder-Antisemitismus im 19. und 20. Jahrhundert, Frankfurt a.M. (3.Aufl.) 2003.

Bein, Alexander, "Der jüdische Parasit". Bemerkungen zur Semantik der Judenfrage, in: VfZ (1965), S. 121- 149.

Berding, Helmut, Moderner Antisemitismus in Deutschland, Frankfurt a.M. 1988.

Bergmann, Werner, Geschichte des Antisemitismus, München 2002.

Bergmann, Werner, Völkischer Antisemitismus im Kaiserreich, in: Uwe Puschner/ Walter Schmitz/ Justus H. Ulbricht (Hg.), Handbuch zur "Völkischen Bewegung" 1871- 1918, München u.a. 1996, S. 449-463.

Bering, Dietz, Der Name als Stigma. Antisemitismus im deutschen Alltag 1812- 1933, Stuttgart 1987.

Blaschke, Olaf, Katholizismus und Antisemitismus im deutschen Kaiserreich (Kritische Studien zur Geschichtswissenschaft Bd.122), Göttingen 1997.

Blasius, Dirk, "Judenfrage" und Gesellschaftsgeschichte, in: NPL 23 (1978), S. 17- 33.

Fuchs, Eduard, Die Juden in der Karikatur. Ein Beitrag zur Kulturgeschichte, München 1921.

Groß, Johannes, Ritualmordbeschuldigungen gegen Juden im Deutschen Kaiserreich (1871–1914), Berlin 2002.

Haibl, Michaela, "Vom Ostjuden zum Bankier". Zur visuellen Genese zweier Judenstereotypen in populären Witzblättern, in: Jahrbuch für Antisemitismusforschung 6 (1997), S. 44- 91.

Haibl, Michaela, Zerrbild als Stereotyp. Visuelle Darstellungen von Juden zwischen 1850 und 1900, Berlin 2000.

Hartung, Günter, Völkische Ideologie, in: Puschner u.a. (Hg.), Handbuch zur "Völkischen Bewegung", S. 22- 41.

Heil, Johannes, "Antijudaismus" und "Antisemitismus". Begriffe als Bedeutungsträger, in: Jahrbuch für Antisemitismusforschung 6 (1997), S. 92- 114.

Hering, Rainer, Antisemitismus im deutschen Kaiserreich. Neuere Studien, in: Auskunft. Zeitschrift für Bibliothek, Archiv und Information in Norddeutschland 24 (2004), S. 363- 377.

Hödl, Klaus, Die Pathologisierung des jüdischen Körpers. Antisemitismus, Geschlecht und Medizin im Fin de Siècle, Wien 1997.

Jochmann, Werner, Gesellschaftskrise und Juden-feindschaft in Deutschland 1870- 1945 (Hamburger Beiträge zur Sozial- und Zeitgeschichte Bd.23), Hamburg 1988.

Kampe, Norbert, Studenten und "Judenfrage" im Deutschen Kaiserreich. Die Entstehung einer akademischen Trägerschicht des Antisemitismus (Kritische Studien zur Geschichtswissenschaft Bd.76), Göttingen 1988.

Kiefer, Annegret, Das Problem einer "jüdischen Rasse". Eine Diskussion zwischen Wissenschaft und Ideologie 1870- 1930 (Marburger Studien zur Medizingeschichte Bd.29), Frankfurt a.M. 1991.

Lächle, Rainer, Germanisierung des Christentums - Heroisierung Christi. Arthur Bonus, Max Bewer, Julius Bode, in: Stefanie von Schnurbein/ Justus H. Ulbricht (Hg.), Völkische Religion und Krisen der Moderne. Entwürfe "arteigener" Glaubenssysteme seit der Jahrhundertwende, Würzburg 2001, S. 165-183.

Leuschen- Seppel, Rosemarie, Sozialdemokratie und Antisemitismus im Kaiserreich. Die Auseinander-setzung der Partei mit den konservativen und völkischen Strömungen des Antisemitismus 1871-1914, Bonn 1978.

Levy, Richard S., The Downfall of the antisemitic parties in Imperial Germany, New Haven/ London 1974.

Lichtblau, Albert, Antisemitismus und soziale Spannung in Berlin und Wien 1867- 1914, Berlin 1994.

Mai, Uwe, "Wie es der Jude treibt". Das Feindbild der antisemitischen Bewegung am Beispiel der Agitation Hermann Ahlwardts, in: Ders./ Christoph Jahr/ Kathrin Roller (Hg.), Feindbilder in der deutschen Geschichte. Studien zur Vorurteilsgeschichte im 19. und 20. Jahrhundert, Berlin 1994, S. 55- 80.

Nipperdey, Thomas/ Rürup, Reinhard, Antisemitismus, in: Otto Brunner/ Werner Conze/ Reinhart Koselleck (Hg.), Geschichtliche Grundbegriffe. Historisches Lexikon zur politisch- sozialen Sprache in Deutschland, Bd.1, Stuttgart 1972, S. 129- 153.

Peal, David, Anti- Semitism and Rural Transformation in Kurhessen. The Rise and Fall of the Böckel- Movement, Diss. Columbia University, New York 1985.

Peal, David, Antisemitism by other Means? The Rural Cooperative Movement in Late 19th century Germany, in: Herbert A. Strauss (Hg.), Hostages of Modernization. Studies on Modern Antisemitism 1870- 1933/39, Bd.1, Berlin/ New York 1993, S. 19- 28.

Piefel, Matthias, Antisemitismus und völkische Bewegung im Königreich Sachsen 1879- 1914, Göttingen 2004.

Pötzsch, Hansjörg, Antisemitismus in der Region. Antisemitische Erscheinungsformen in Sachsen, Hessen, Hessen- Nassau und Braunschweig 1870- 1914, Wiesbaden 2000.

Pulzer, Peter, Die Wiederkehr des alten Hasses, in: Steven M. Lowenstein u.a. (Hg.), Deutsch- jüdische Geschichte in der Neuzeit, Bd.3: Umstrittene Integration 1871- 1918, München 1997, S. 193- 248.

Pulzer, Peter, The Rise of Political Anti- Semitism in Germany and Austria, Cambridge 1988.

Rohrbacher, Stefan/ Schmidt, Michael, Judenbilder. Kulturgeschichte antijüdischer Mythen und antisemitischer Vorurteile, Reinbek 1991.

Rosenberg, Hans, Große Depression und Bismarckzeit. Wirtschaftsablauf, Gesellschaft und Politik in Mittel- europa (Veröffentlichungen der Historischen Kommission zu Berlin Bd.24), Berlin 1967.

Rürup, Reinhard, Emanzipation und Antisemitismus. Studien zur "Judenfrage" der bürgerlichen Gesellschaft, Frankfurt a.M. 1987.

Scheil, Stefan, Die Entwicklung des politischen Antisemitismus in Deutschland zwischen 1881 und 1912. Eine wahlgeschichtliche Untersuchung (Beiträge zur politischen Wissenschaft Bd.107), Berlin 1999.

Schoeps, Julius H./ Schlör, Joachim (Hg.), Antisemitismus. Vorurteile und Mythen, München 1995.

Sieg, Ulrich, Auf dem Weg zur "dichten Beschreibung". Neuere Literatur zur Geschichte des Antisemitismus im Kaiserreich, in: Jahrbuch für Antisemitismusforschung 12 (2003), S. 329- 342.

Smith, Helmut W., Die Geschichte des Schlachters. Mord und Antisemitismus in einer deutschen Kleinstadt, Frankfurt a.M. 2004.

Stern, Fritz, The Politics of Cultural Despair. A Study in the Rise of Germanic Ideology, Berkeley u.a. 1963.

Suchy, Barbara, Antisemitismus in den Jahren vor dem Ersten Weltkrieg, in: Jutta Bohnke- Kollwitz u.a. (Hg.), Köln und das rheinische Judentum. Festschrift der Germania Judaica 1959-1984, Köln 1984, S. 252- 285.

Ulbricht, Justus H., Das völkische Verlagswesen im Kaiserreich, in: Uwe Puschner/ Walter Schmitz/ Justus H. Ulbricht (Hg.), Handbuch zur "Völkischen Bewegung" 1871- 1918, München u.a. 1996, S. 277- 301.

van Rahden, Till, Ideologie und Gewalt. Neuerscheinungen über den Antisemitismus in der deutschen Geschichte des 19. und frühen 20. Jahrhunderts, in: NPL 41 (1996), S. 11- 29.

Volkov, Shulamit, Antisemitism as a Cultural Code. Reflections on the History and Historiography of Antisemitism in Imperial Germany, in: LBIYB 23 (1978), S. 25- 46.

Zumbini, Massimo F., Die Wurzeln des Bösen. Gründerjahre des Antisemitismus von der Bismarck-Zeit zu Hitler, Frankfurt a.M. 2003.

Zumbini, Massimo F., Große Migration und Antislawismus. Negative Ostjudenbilder im Kaiserreich, in: Jahrbuch für Antisemitismusforschung 3 (1994), S. 194- 236.

Bezüglich Quellen und weiterführende Literatur verweise ich auf die Fußnoten und die Sammelrezensionen von Dirk Blasius, Till van Rahden, Ulrich Sieg und Rainer Hering.

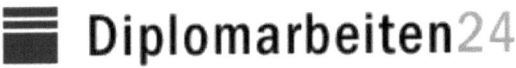

Thomas Gräfe

Der Bismarck- Mythos in der politischen Kultur des wilhelminischen Kaiserreichs

Die Arbeit behandelt die kultische Verehrung des "Reichsgründers" Bismarck im wilhelminischen Kaiserreich vorrangig durch die Parteien, Vereine und Verbände des nationalen Lagers. Im Mittelpunkt steht die Politisierung des Kultes in Denkmalsbau und Festen, d.h. die Ausrichtung von Rhetorik und Symbolik auf die Opposition gegen die Politik des "Neuen Kurses" und den Kampf gegen die "inneren Reichsfeinde".
133 Seiten, 5 Abbildungen, 5 Tabellen, Literaturverzeichnis